Heiko Bräuning
Reinhard Börner
Immanuel Heims

Shalom über Israel!

Spurensuche im Heiligen Land
Impressionen, Impulse und Begegnungen

Heiko Bräuning | Reinhard Börner | Immanuel Heims

Shalom über Israel!

Spurensuche im Heiligen Land

Impressionen, Impulse und Begegnungen

Bestell-Nr.: 52 50491
ISBN 978-3-86773-201-7

Oberer Garten 8
D-72221 Haiterbach-Beihingen
07456-9393-0
info@cap-music.de
www.cap-music.de

Die Quellen wurden sorgfältig geprüft, konnten aber nicht immer zweifelsfrei festgestellt werden. Für Hinweise ist der Verlag dankbar.

Lektorat: Ute Mayer
Transkription der Texte: Linda J. Heims
Druck: CPI

Die Bibelstellen sind zitiert nach:
Die Bibel nach der Übersetzung Martin Luthers in der revidierten Fassung von 1984. Durchgesehene Ausgabe in neuer Rechtschreibung.

Inhaltsverzeichnis

Shalom! 9

Track 1 Kapitel 1: Speisung der 5000 13

Ort: Tabgha, Berg der Seligpreisungen (Bibelstelle: Johannes 6,1-15)

Track 2 Kapitel 2: Jesus im Garten Gethsemane – Das Versagen 23

Ort: Ölberg (Bibelstelle: Lukas 22,39-46)

Track 3 Kapitel 3: Heilung der Schwiegermutter des Petrus 33

Ort: Kapernaum, Haus des Petrus (Bibelstelle: Matthäus 8,14-17)

Track 4 Kapitel 4: Der Hauptmann von Kapernaum 43

Ort: Kapernaum, Synagoge (Bibelstelle: Matthäus 8,5-13)

Track 5 Kapitel 5: Jesu Kreuzigung und Grablegung 55

Ort: Golgatha, Schädelstätte, Gartengrab (Bibelstelle: Lukas 23,26-56; Johannes 19,17-42; Matthäus 27,31-66)

Track 6 Kapitel 6: Maria von Magdala am Gartengrab 61

Ort: Gartengrab (Bibelstelle: Johannes 20,11-18 und Psalm 139)

Track 7 Kapitel 7: Mit Jesus untergehen? 69

Ort: Ufer des See Genezareth (Bibelstelle: Markus 4,35-40)

Track 8 Kapitel 8: Der Auferstandene am See Genezareth 79

Ort: See Genezareth (Bibelstelle: Johannes 21,1-14)

Track 9 Kapitel 9: Sorgt euch nicht! 87
Ort: Berg der Seligpreisungen (Bibelstelle: Matthäus 6,25-34)

Track 10 Kapitel 10: Klagen 95
Ort: An der Klagemauer (Bibelstelle: Psalm 30)

Track 11 Kapitel 11: Die Versuchung Jesu 103
Ort: Wüste (Bibelstelle: Matthäus 4,1-11)

Track 12 Kapitel 12: Die Stiftshütte 111
Ort: Wüste / Stiftshütte (Bibelstelle: Hebräer 9,2-7; 11-15)

Track 13 Kapitel 13: Die Ver(w)irrten. 121
Ort: Qumran / Totes Meer (Bibelstelle: Jesaja 43,1ff)

Zusatzkapitel:

Kapitel 14:
Gespräch mit dem Israeliten Chaim Lavi 131
Ort: Jerusalem

Kapitel 15: Leben in Israel –
Gespräch mit Lea Fleischmann 141
Ort: Jerusalem

Predigten von Heiko Bräuning:
1, 2, 3, 4, 5, 6, 7, 8, 12, 13

Predigten von Reinhard Börner: 9, 10, 11

Filmaufnahmen und Schnitt:
Immanuel Heims, © Immanuel Heims

Filmtexte und Sprecher: Heiko Bräuning

Komm mit auf Galiläas Fluren,
da zeig' ich dir ein Paradies,
da folgen wir den heil'gen Spuren,
die Gottes Sohn auf Erden ließ;
da lass den Herrn uns froh begrüßen
und küssen seines Kleides Saum
und selig ruhn zu seinen Füßen;
komm, Seele, mit, es ist noch Raum!

Komm, Herz, wenn du im Weltgedränge
nach Stille dich und Frieden sehnst,
komm, wenn aus deines Hauses Enge
du dich nach Luft und Lichte dehnst;
komm, Seele, wenn du grambeladen
am Grabe deiner Liebe weinst,
komm, wenn du dich ans Sündenpfaden
von Gott und Welt verstoßen meinst!

Karl Gerok (1815-1890)

Shalom!

Wir waren Augenzeugen! Und können es nur bestätigen: Israel ist ein Land mit wunderschönen, wunderbaren, wundersamen Stätten! Es ist eine Reise wert. Eine? Mehrere! Man muss Israel mehrere Male besuchen, um der Liebe willen: sie wird mehr und mehr und mehr. Mag sein, dass es nicht Liebe auf den ersten Blick ist. Aber Liebe auf den zweiten, dritten und vierten Blick allemal!

Lassen wir einen Augen- und Zeitzeugen sprechen. Flavius Josephus, den Juden, Römer und Geschichtsschreiber. Er schreibt über Galiläa, ca. 60-70 nach Christus: „Galiläa (...) ist in seiner ganzen Ausdehnung bebaut und reich an fruchttragenden Gewächsen. (...) Die weniger rauen, fruchtbaren Strecken indes und die mit verschiedenartigen Bäumen bepflanzten Ebenen werden meist zum Anbau des Ölbaums, des Weinstocks und der Palme genutzt und sind von Gebirgsbächen und, wenn diese vom heißen Wind ausgetrocknet werden, von fließenden Quellen ausreichend bewässert. (...) Die Landschaft ist voll von wildem und veredeltem Obst. (...) Die fließenden Gewässer sind alle ausnehmend süß, und die Fülle guter Futterkräuter macht das Vieh hier milchreicher als anderswo. Der beste Beweis für die

Trefflichkeit und den Fruchtreichtum beider Landschaften ist die Dichte ihrer Bevölkerung."[1] Vielleicht hilft uns im Verstehen der Personen im Umfeld von Jesus – denken wir an den hitzigen Petrus, die vorlauten Söhne des Zebedäus („Donnersöhne") und sonstige – auch die Beschreibung der Männer von Josephus Flavius: echte Männer aus Galiläa: „Ungeachtet des geringen Umfangs dieser (...) Landschaften und der vielen nichtjudäischen Nachbarvölker hielten die Galiläer doch jedem feindlichen Angriff stand, das sie von Jugend auf mit dem Kampfe vertraut sind und jederzeit eine bedeutende Kopfzahl aufwiesen. Den Männern fehlte es nie an Mut, und dem Lande nie an Männern; es ist üppig und weidereich, mit Bäumen aller Art bepflanzt und so ergiebig, dass es auch den Trägsten zur Landarbeit anregt. So kommt es, dass das ganze Land von seinen Bewohnern bebaut ist und kein Teil brachliegt. Aus dem gleichen Grund hat es viele Städte, und auch die Bevölkerung der Dörfer ist infolge der Fruchtbarkeit des Bodens überall so dicht, dass selbst das kleinste Dort über 15 000 Einwohner zählt."[2](Anm. des Autoren: 15 000 ist bei Josephus entweder ein Schreibfehler oder eine Übertreibung!)

Nun aber genug der Augen- und Zeitzeugen. Jetzt werden Sie selbst Zeuge des Geschehens in jesuanischer Zeit. Wir konnten nicht alle Stätten besuchen. Konnten nicht alle Geschichten aufnehmen. Noch vieles gibt es zu entdecken. Insofern freuen wir uns schon auf die nächsten Begegnungen im Heiligen Land und freuen uns, wenn Sie sich heute schon überlegen, uns dabei eventuell zu begleiten!

Zur Erbauung und Unterstützung Ihrer Überlegungen mag Ihnen nun dieses kleine Buch sowie die

DVD dienen. Das Buch enthält jeweils die Bibeltexte, die zu den jeweiligen Orten gehören, außerdem eine Predigt mit theologischen und persönlichen Impulsen. Außerdem haben wir für Ihre Weiterarbeit, eventuell in Haus- und Bibelkreisen, einige anregende Fragen formuliert, mit denen Sie das jeweilige Kapitel vertiefen können. Vor jedem Kapitel sollten Sie sich unbedingt den jeweils dazugehörigen Kurzfilm über die Orte anschauen. Jeder Kurzfilm bietet Ihnen in drei Minuten neben vielen wunderschönen Impressionen auch noch sehr kurzweilig wichtige Informationen.

An dieser Stelle möchten wir herzlichen Dank sagen allen, die uns unterstützt haben. Zunächst unserem Verlagsleiter Andreas Claus, der das Buch ermöglicht hat. Unserer Israel-Reisegruppe, die uns immer wieder entbehren musste, damit wir die TV-Aufnahmen machen konnten. Unserem Reiseleiter Chaim Lavi, der uns begleitet hat und uns viele Türen öffnete, als wir bei den Dreharbeiten auf Widerstand stießen. Lea Fleischmann, der begnadeten Autorin und wunderbaren Israel-Lehrerin, die uns Rede und Antwort stand. Danke auch an unsere Lektorin Ute Mayer, die viel Mühe und Zeit in unser Buch gesteckt hat, damit es zu dem wird, was Sie jetzt in den Händen halten.

Wir würden uns freuen, wenn Sie uns Ihre Erfahrungen mit dem Buch mitteilen – eventuell auch eigene Erlebnisse rund um Israel und die Begebenheiten mit Jesus Christus. In diesem Sinne: viel Freude und Segen beim Lesen!

Ihr Autorenteam
Heiko Bräuning, Reinhard Börner & Immanuel Heims

Speisung der 5000

Ort: Tabgha, Berg der Seligpreisungen
Bibelstelle: Johannes 6,1-15

Es ist ein wunderbarer und geschichtsträchtiger Ort: Tabgha, eine kleine Ortschaft am Nordufer des See Genezareth, in Galiläa im nördlichen Teil Israels. Es ist der Austrittspunkt mehrerer Quellen, die in den See münden, und eine christliche Pilgerstätte, die mit dem Wirken Jesu, insbesondere der überlieferten Brotvermehrung, in Verbindung gebracht wird.

In Tabgha befinden sich die Brotvermehrungskirche, die Primatskapelle und antike Ruinenreste der Kapelle der Seligkeiten, die der Tradition nach an das Handeln Jesu erinnern. Der Name Tabgha meint im Griechischen soviel wie „siebenquelliges Landstück“. Bereits Pilger in der byzantinischen Zeit benannten den Ort so, weil dort sieben Quellen entspringen. Auch die hebräische Bezeichnung des Ortes En Scheva bedeutet Siebenquell. Faszinierend, dass Jesus mit seinem Wirken an einem Ort der Quellen auftritt. Dort, wo Menschen schon immer das wichtigste Element in Israel, das Wasser, für ihren Alltag schöpfen konnten. Sie waren gewohnt, hierherzukommen, und reich erfüllt und gefüllt von dannen zu ziehen. Jetzt ist die Quelle des lebendigen Wassers hier und bietet den Menschen „himmlische Quellen“ an! Eine Quelle der Lebensweisheiten und des Glücklichseins – in seiner Bergpredigt. Eine Quelle für diejenigen, die Lebenshunger verspüren: auch die Brotvermehrung geschah an diesem Ort, wie in Johannes 6,1-15 zu lesen ist.

Danach fuhr Jesus weg über das Galiläische Meer, das auch See von Tiberias heißt. Und es zog ihm viel Volk nach, weil sie die Zeichen sahen, die er an den Kranken tat. Jesus aber ging auf einen Berg und setzte sich dort mit seinen Jüngern. Es war aber kurz vor dem Passa, dem Fest der Juden. Da hob Jesus seine Augen auf und sieht, dass viel Volk zu ihm kommt, und spricht zu Philippus: Wo kaufen wir Brot, damit diese zu essen haben? Das sagte er aber, um ihn zu prüfen; denn er wusste wohl, was er tun wollte. Philippus antwortete ihm: Für zweihundert Silbergroschen Brot ist nicht genug für sie, dass jeder ein wenig bekomme. Spricht zu ihm einer seiner Jünger, Andreas, der Bruder des Simon Petrus: Es ist ein Kind hier, das hat fünf Gerstenbrote und zwei Fische; aber was ist das für so viele? Jesus aber sprach: Lasst die Leute sich lagern. Es war aber viel Gras an dem Ort. Da lagerten sich etwa fünftausend Männer. Jesus aber nahm die Brote, dankte und gab sie denen, die sich gelagert hatten; desgleichen auch von den Fischen, soviel sie wollten. Als sie aber satt waren, sprach er zu seinen Jüngern: Sammelt die übrigen Brocken, damit nichts umkommt. Da sammelten sie und füllten von den fünf Gerstenbroten zwölf Körbe mit Brocken, die denen übrigblieben, die gespeist worden waren. Als nun die Menschen das Zeichen sahen, das Jesus tat, sprachen sie: Das ist wahrlich der Prophet, der in die Welt kommen soll. Als Jesus nun merkte, dass sie kommen würden und ihn ergreifen, um ihn zum König zu machen, entwich er wieder auf den Berg, er selbst allein.

Ich möchte mit dem Zitat des großen jüdischen Staatsmannes Ben Gurion beginnen, der 1948 die Ausrufung des Staates Israel vornahm, und dabei die Unabhängigkeitserklärung verlas. David Ben Gurion konnte sagen: „Wer nicht an Wunder glaubt, ist kein Realist!"

Das ist, was auch über der Brotvermehrung, der Speisung der 5 000 stehen muss: Wer nicht an Wunder glaubt, ist kein Realist! Aber es sind bei Weitem nicht die großen, unvorstellbaren Wunder, um die es geht. Es sind die vielen kleinen wunderbaren Ereignisse und das Eingreifen Gottes in unseren Alltag. Davon möchte ich Ihnen erzählen.

Die gleiche Frage, die damals die Jünger Jesu plagte, plagt uns doch auch immer wieder: Reicht das wenige aus, so dass ich nicht leer ausgehe, dass ich nicht zu kurz komme, dass es genügt? Und die Jünger rechnen, kalkulieren, spekulieren. So wie es Johann Gottfried Lessing, der Vater des berühmten Dramatikers, vor 250 Jahren gedichtet hat: „Andreas hat gefehlet, Philippus falsch gezählet, sie rechnen wie ein Kind." Das ist nur der erste Teil. Genauso, wie es auf die Jünger und auf mich, auf uns zutrifft. Interessant ist, dass dieses Fragen und Zweifeln mit in die Geschichte zwischen Christus und mir gehört. Und die Fragen werden auch noch als eine gewisse Prüfung von Jesus selbst gestellt: Wo kaufen wir Brot, damit diese zu essen haben? Immer wieder kommen in uns Fragen auf: Woher soll ich das nehmen? Wie soll ich damit zurechtkommen? Wie kann das gehen? Kann es sein, dass diese Fragen nicht aus einem kleingläubigen Herzen von uns kommen, sondern Orientierungsfragen sind, die Gott selbst stellt? Damit wir eine Antwort finden, eine Hilfe, die uns von Gott her kommt. Jesus wusste ja bei seiner Frage schon: „Das sagte er aber, um ihn zu prüfen; denn er wusste wohl, was er tun wollte" (Johannes 6,6).

Gewinnen Sie doch diese Fragen und Zweifel, diese Sorgen in Ihrem Herzen und Ihren Gedanken lieb. Es sind Fragen, durch die uns Gott inspirieren möchte, um uns auf die richtige Fährte zu locken. Ich habe Ihnen nur den ersten Teil von Lessings Gedicht erzählt. Aber es geht weiter: „Andreas hat gefehlet, Philippus falsch gezählet, sie rechnen wie ein Kind. Mein Jesus kann addieren und kann multiplizieren, auch da, wo lauter Nullen sind."[3]

Auch wenn das sehr naiv und kindlich klingt: Wer nicht an Wunder glaubt, ist kein Realist. Wir dürfen, wir müssen, wir sollen frei und offen den Möglichkeiten vertrauen, die Gott hat. Wir dürfen damit rechnen, dass Gott sich auch heute noch einbringt, wo wir wie Andreas gefehlet, oder Philippus falsch gezählet – gerechnet haben wie ein Kind! Setzen wir unserem teilweise naiven, kindlichen Sorgen und Planen den naiven, kindlichen Glauben zum

Trotz: Jesus kann addieren und kann multiplizieren, auch da, wo lauter Nullen sind.

Ich erzähle Ihnen von Hattie Wiatt. Ein kleines Mädchen, das weinend vor einer Kirche stand. Sie hatte in dieser kleinen, amerikanischen Kirche keinen Platz mehr in der Sonntagsschule bekommen, weil der Raum schon mit Kindern vollgestopft war.

Doch da kam der Pastor der Gemeinde vorbei, sah das weinende Mädchen und nahm sie auf die Schultern. Er ging mit ihr hinein und fand noch einen Platz in der Ecke für sie. Am nächsten Morgen sah der Pastor das Mädchen auf dem Schulweg und er sagte zu ihr: „Hattie, wir werden bald einen größeren Sonntagsschulraum haben." Sie antwortete: „Ich hoffe, dass das stimmt. Denn ich habe Angst davor, allein in diesen vollen Raum zu gehen." Der Pastor sagte: „Nun, sobald wir das Geld zusammen haben, werden wir uns um einen größeren Raum kümmern."

Doch für den Pastor war das nur ein ferner Traum, denn sie hatten bei Weitem nicht genug Geld für ein neues Gebäude. Einige Zeit später hörte der Pastor, dass das kleine Mädchen sehr krank geworden war. Er besuchte sie und betete für sie. Doch trotzdem starb Hattie Wiatt bald darauf. Nach der Beerdigung überreichte die Mutter des Mädchens dem Pastor einen Umschlag. In dem Umschlag waren die Ersparnisse von Hattie: 57 Cent. Sie wollte, dass dieses Geld für den neuen Sonntagsschulraum verwendet wird. Am nächsten Sonntag gab der Pastor in der Gemeinde bekannt, dass sie eine erste Spende für ein neues Gebäude erhalten hätten. Er erzählte von Hattie Wiatt und von ihrer Spende. Die 57 Cent hatte er inzwischen in 57 einzelne Cent-Stücke gewechselt. Dann verkaufte er die einzelnen Münzen an Menschen, die von der Geschichte des kleinen Mädchens berührt wurden. So kamen 250 Dollar zusammen. Diese tauschte er wieder in einzelne Cent-Stücke und verkaufte sie. Auf diese Weise kam genug Geld zusammen, um das Gebäude neben der Kirche zu kaufen. Heute hat diese Baptistengemeinde in Philadelphia ein Kirchengebäude mit 3 300 Sitzplätzen und eine eigene Universität, an der Tausende von Studenten unterrichtet werden. Und alles fing an mit 57 Cent.

Auch hier gilt, was David Ben Gurion sagte: „Wer nicht an Wunder glaubt, ist kein Realist!" Darf ich Sie ermutigen, mit Ihren Centstücken zu Gott zu kommen? Sie mögen denken: es ist zu wenig, was ich habe. Vertrauen Sie auf den Gott, der Wunder tun kann. Ich weiß nicht, wie Ihre Cents aussehen: Die Angst um die Kinder, Ihre Bemühungen, eine gute Ehefrau, ein guter Ehepartner zu sein. Die Sorgen um zu wenig finanziellen Spielraum. Ihre Bemühungen, beruflich voranzukommen. Lassen Sie sich von Ihren Zweifeln und Fragen, wie das alles gutgehen soll, zu Gott treiben und tragen, in dem Wissen: Mein Jesus kann addieren und kann multiplizieren, auch da, wo lauter Nullen sind.

Halten wir es mit Hilde Domin, die sagte:

„Nicht müde werden,
sondern dem Wunder
leise
wie einem Vogel
die Hand hinhalten."[4]

Sei gesegnet

Sei gesegnet und behütet
von der stärksten Macht der Welt.
Sei getragen und geführt
von dem Gott, der zu dir hält.

Sei getröstet und ermutigt
aus der Quelle neuer Kraft.
Sei gewiss und unverzagt,
wenn du neue Wege wagst.

Gott ist mit dir,
ganz von Anfang an.
Gott ist mit dir,
dein ganzes Leben lang.

Gott ist mit dir,
nichts ist, was trennen kann,
Gott ist mit dir,
nichts wird sich ändern daran.

Sei beschützt und gut umsorgt,
du bist niemals ganz allein.
Sei beruhigt und unbesorgt,
Gott wird nichts entgangen sein.

Sei befreit und unbelastet,
er wird immer nach dir schau'n.
Sei erleichtert und entspannt,
du darfst glauben und vertrau'n.

Sei gelassen und sei heiter,
du hast Gott als Rückenwind,
sieh nach vorne und geh weiter,
du bist Gottes Lieblingskind.

Dieser Text ist als Lied erschienen auf der CD „Zwei Meilen weit".

Fünf Fragen zum Text:

1. Warum zieht sich Jesus immer wieder auf einen Berg zurück?
2. Wozu stellt Jesus „rhetorische Fragen“ an seine Jünger, obwohl er doch schon wusste, was zu tun ist?
3. David Ben Gurion sagte: „Wer nicht an Wunder glaubt, ist kein Realist.“ An welche Wunder erinnern Sie sich persönlich? Was hindert uns, an Wunder zu glauben? Was können wir tun, damit Wunder geschehen können?
4. Die Menschen denken nach dem Brotwunder, Jesus sei ein Prophet. Warum erkennen sie ihn als solchen und nicht als Messias?
5. Als die Menschen Jesus zum König machen wollten, entwich er von ihnen, ging alleine auf den Berg. Warum entweicht Jesus vor den Menschen? Hätte er sich der Herausforderung nicht stellen sollen?

Notizen:

....

....

....

Jesus im Garten Gethsemane – Das Versagen

Ort: Ölberg
Bibelstelle: Lukas 22,39-46

Stellen Sie sich einen schattigen Platz am Ölberg vor. Dicht bewachsen von Olivenbäumen. Ein Platz, gleich einem Garten, in aller Abgeschiedenheit, ohne Touristen, und ohne prunkvolle Kirchen, die über heilige Stätten gebaut wurden. Hier unterhalb des Ölbergs, wo sich Jesus oft mit seinen Jüngern in die Stille, in die Einsamkeit zurückgezogen hat. Der Ölberg, er liegt östlich vom Tempelberg. Zwischen dem Ölberg und dem Tempelberg von Jerusalem liegt das sogenannte Kidrontal. Der Name, in den meisten anderen Sprachen lautet er Olivenberg, leitet sich wohl vom ursprünglichen Bewuchs mit Olivenbäumen ab. Am Fuße des Ölbergs liegt auch der Garten Gethsemane, mit Ölbäumen, die circa 2 000 Jahre alt sind. Die Hügelkette erreicht eine Höhe von 827 Metern, der eigentliche Ölberg mit der Himmelfahrtkuppe ist 809 Meter hoch. Er liegt damit 120 Meter über dem Kidrontal und etwa 65 Meter über dem Tempelberg.

Nach jüdischem Glauben wird der Messias über den Ölberg nach Jerusalem einziehen und im Kidrontal unterhalb des Hügels das Jüngste Gericht halten. Deswegen wurde am Hang des Berges ein ausgedehnter, großer Friedhof angelegt, ein jüdischer Friedhof. Die Gräber des 1948 stark beschädigten Friedhofs stammen teilweise noch aus biblischen Zeiten. In der christlichen Tradition wird der Ölberg insbesondere mit verschieden neutestamentlichen Berichten in Verbindung gebracht. So zog Jesus vom Ölberg aus in Jerusalem ein. Er weinte am Ölberg über Jerusalem. Er wurde vor seiner Kreuzigung, am Abend des Gründonnerstags am Fuß des Berges im Garten Gethsemane gefangen genommen und fuhr nach der Auferstehung vom Ölberg in den Himmel auf.

Ich möchte Sie einladen, hier am Ölberg zu verweilen und auf die Geschichten zu hören, die uns der Evangelist Lukas erzählt: Jesus in Gethsemane (Lukas 22,39-46):

> *Und er ging nach seiner Gewohnheit hinaus an den Ölberg. Es folgten ihm aber auch die Jünger. Und als er dahin kam, sprach er zu ihnen: Betet, damit ihr nicht in Anfechtung fallt! Und er riss sich von ihnen los, etwa einen Steinwurf weit, und kniete nieder, betete und sprach: Vater, willst du, so nimm diesen Kelch von mir; doch nicht mein, sondern dein Wille geschehe! Es erschien ihm aber ein Engel vom Himmel und stärkte ihn. Und er rang mit dem Tode und betete heftiger. Und sein Schweiß wurde wie Blutstropfen, die auf die Erde fielen. Und er stand auf von dem Gebet*

und kam zu seinen Jüngern und fand sie schlafend vor Traurigkeit und sprach zu ihnen: Was schlaft ihr? Steht auf und betet, damit ihr nicht in Anfechtung fallt!

Der Ölberg ist der Ort des absoluten Versagens der Jünger. Ausgerechnet in der schwersten Stunde, da schlafen sie ein. Da können sie nicht mit Jesus mithalten, können nichts Gutes für ihn tun, können ihm nicht beweisen, wie toll und stark und kräftig sie sind. Sie schlafen ein vor Müdigkeit – die Müdigkeit hat sie sprichwörtlich „übermannt". Es war wohl alles zu viel, was in den Tagen zuvor geschehen war. Hier am Ort des Versagens kommt Jesus auf sie zu, macht ihnen keine großen Vorwürfe. Es scheint so als, ob er die Jünger versteht. Schließlich hat er gerade selbst Schwerstes durchgemacht, gekämpft bis aufs Blut, wollte, dass Gott ihn befreit von diesem Leid, dass er diese schwere Zeit noch einmal wendet. Aber es geht nicht. Die Jünger zerbrechen schier unter dieser Last, Müdigkeit macht sich tief in ihnen breit. Müdigkeit befällt sie, überfällt sie.

Vielleicht ist es gut, auf ein Wort von Karl Barth zu hören. Der schreibt über diesen Ort des Versagens: „Das völlige Versagen der Christenheit, der Kirche, Jesus gegenüber, ihre notorische Nichtteilnahme an seinem entscheidenden Tun, die furchtbare Einsamkeit, in der sie ihn ließ und in der er ganz allein – nicht mit ihnen, sondern ohne sie und so für sie – tun musste und getan hat, was zu tun war. Wenn irgendetwas das reine ‚für uns' als Inhalt des Evangeliums deutlich macht, dann diese Seite des Gethsemane-Geschehens, in welchem die Tat

Gottes in Jesus Christus nun wirklich keine, gar keine Entsprechung in der Existenz der an ihn Glaubenden hat: sie konnten nicht eine Stunde mit ihm wachen. Er allein hat an ihrer Stelle gebetet und gewacht."[5]

Kennen Sie solche Gethsemane-Erlebnisse, solche „Ölbergstunden" in Ihrer Biografie? Von „Lebensmüdigkeit" übermannt. Wenn Sie nichts mehr beweisen können, wenn Sie nichts mehr zustande kriegen? Und einfach sich innerlich nur noch müde und ausgelaugt, völlig matt fühlen. So wie es im Buch Jesaja einmal heißt: „Jünglinge werden müde und matt" (nach Jesaja 40,30). Und sie straucheln und fallen, weil sie keine Kraft mehr haben. Kennen Sie das, wenn Sie müde werden, weil Sie sich an vielen Fronten verkämpft und verkrampft haben? Im Beruf? Dort mobbt man Sie, dort bedrängt man Sie. In Ihrer Beziehung haben Sie gekämpft und Sie merken, wie es mühselig wird, belastend. Und dann überfällt einen die Müdigkeit. Man hat keine Kraft mehr, noch was zu tun. Eine Frau erzählt, wie ihre Tochter in die Sucht hineingerutscht ist. Sie konnte nichts mehr tun. Sie konnte sie nur loslassen. Eine lange Zeit des mühsamen Kampfes um die geliebte Tochter, gegen die Abhängigkeit, die Drogensucht. Die Mutter ist einfach nur noch müde. Sie kann nichts mehr tun.

Manchmal ist es entlastend, befreiend und beruhigend zugleich, dass Jesus genau das Gleiche an Bedrückung, Leid, Not und Anfechtung durchgemacht hat wie wir. So heißt es im Hebräerbrief, Kapitel 2, Vers 17:

Daher musste er in allem seinen Brüdern gleich werden, damit er barmherzig würde und ein treuer Hoherpriester vor Gott, zu sühnen die Sünden des Volkes. Denn worin er selber gelitten hat und versucht worden ist, kann er helfen denen, die versucht werden.

In den Ölbergstunden unseres Lebens kommt uns Christus entgegen, der vor uns schon alles erlitten und durchlitten hat, um uns helfen zu können.

Ein Gebet von Karl Rahner dürfen wir mitbeten: „Wenn du uns Anteil gibst an deinen Ölbergstunden: erbarme dich unser. Wenn wir die Stunden der Bedrängnis erkennen sollen als Anteilnahme an deinem Leid: erbarme dich unser. Wenn uns wie dir Gottes Wille hart und unbegreiflich erscheint: erbarme dich unser. Wenn Trauer und Betrübnis, Ekel und Angst uns wie dich überfallen: erbarme dich unser. Wenn Reue über unsere Sünden über uns kommt: erbarme dich unser. Wenn wir büßen und sühnen müssen für das, was wir gefehlt haben: erbarme dich unser. Wenn wir wie du von aller Hilfe verlassen sind: erbarme dich unser. Wenn in der Nacht des Leidens das Licht des Glaubens sich zu verdunkeln scheint: erbarme dich unser. Wenn uns Todesangst wie dich überfällt: erbarme dich unser."

Nun ziehen wir weiter den Ölberg hinauf. Hier ist nicht Endstation. Hier hört nicht alles auf. Wir müssen uns nicht in unserem Versagen selbst bemitleiden und hier denken: jetzt gibt es kein Vorwärts und kein Zurück, jetzt kann ich Gott nicht mehr gefallen. Jetzt geht der Weg weiter. Wohin führt der Weg? Der Weg führt von hier zunächst nach Golgatha. Wo Jesus alle Schwachheit von uns, alle Müdigkeit, alle

Schuld auf sich nimmt, dass er uns davon befreit, dass er uns ent-schuldigt, damit unsere Schultern leichter werden (vgl. Psalm 81,7+11), weil auf seiner Schulter das Kreuz liegt. So geht Jesus mit unserem Versagen um. Er macht uns keine Vorwürfe, er stößt uns nicht hinaus, da ist keine Ablehnung. Er geht mit diesem ganzen Versagen nach Golgatha. Dort hört auch nicht alles auf. Es geht weiter. Jetzt beginnt aus dieser Geschichte des kollektiven Versagens die Hoffnungsgeschichte. Lesen Sie dies in der Apostelgeschichte. Aus ihr wissen wir, dass Jesus genau hier, auf dem Ölberg, seinen Jüngern die Kraft Gottes, den Heiligen Geist versprochen hat. In dem Wissen:„Ihr könnt es nicht alleine, ihr werdet immer wieder müde. Ich gebe euch meine Kraft. Und wenn ihr auf mich vertraut, dann wird euch der Herr neue Kraft geben, dass ihr auffahrt mit Flügeln wie Adler. So verheißt es der Prophet Jesaja. Hören wir auf Apostelgeschichte 1,4-9+12:

> *Und als er mit ihnen zusammen war, befahl er ihnen, Jerusalem nicht zu verlassen, sondern zu warten auf die Verheißung des Vaters, die ihr, so sprach er, von mir gehört habt; denn Johannes hat mit Wasser getauft, ihr aber sollt mit dem Heiligen Geist getauft werden nicht lange nach diesen Tagen. Die nun zusammengekommen waren, fragten ihn und sprachen: Herr, wirst du in dieser Zeit wieder aufrichten das Reich für Israel? Er sprach aber zu ihnen: Es gebührt euch nicht, Zeit oder Stunde zu wissen, die der Vater in seiner Macht bestimmt hat; aber ihr werdet die Kraft des Heiligen Geistes empfangen, der*

auf euch kommen wird, und werdet meine Zeugen sein in Jerusalem und in ganz Judäa und Samarien und bis an das Ende der Erde. Und als er das gesagt hatte, wurde er zusehends aufgehoben, und eine Wolke nahm ihn auf vor ihren Augen weg. (...) Da kehrten sie nach Jerusalem zurück von dem Berg, der heißt Ölberg und liegt nahe bei Jerusalem, einen Sabbatweg entfernt.

Jesus hält in aller Treue und mit großem Glauben an den Jüngern fest, die noch vor kurzem total versagt haben. Was für ein Liebesbeweis. Was für eine große Gnade für uns. Trotz der Erkenntnis, dass er sich an keiner Stelle auf uns verlassen kann. Trotz der Einsicht, dass wir unser Können und unsere Fähigkeiten zwar gerne unter Beweis stellen möchten, aber letzten Endes doch sehr begrenzt sind, rüstet Jesus uns mit seiner Kraft aus und macht uns zu Zeugen auf der ganzen Welt. Vielleicht sind gerade diese Zeugen die „Echten“: die um ihr Versagen wissen, sich dazu bekennen und darüber sprechen. Und die gleichzeitig von der Größe, Liebe und Kraft Gottes in ihrem Leben zeugen können.

Der Ölberg – der Platz des Versagens und der Platz der Hoffnung. Beides spielt sich in unserem Leben täglich ab. Ich weiß nicht, was sich bei Ihnen gerade abspielt. An welchem Ort Sie sind. Damals hat sich Jesus von den müden Jüngern einen Steinwurf weit zurückgezogen. Eventuell denken Sie, Jesus hat sich auch von Ihnen ein Steinwurf weit zurückgezogen. Dann seien Sie gewiss: er kommt zurück. Er sieht Sie in Ihrer Müdigkeit und Schwachheit und er begegnet Ihnen in Ihrer Ölbergstunde, in

Ihrem persönlichen Gethsemane-Versagen. Er nimmt sie mit über Golgatha auf die Höhen des Ölberges und schenkt Ihnen persönlich neue Kraft, den Heiligen Geist. Und mit diesem Heiligen Geist, mit dieser Kraft Gottes, werden Sie die Müdigkeit überwinden und es wird Neues entstehen. Sie werden Kraft empfangen von Gott, dass es weiter geht, vorwärts geht, dass Sie aus der Müdigkeit erwachen und zu neuem Leben kommen. Dass Sie auffahren mit Flügeln wie Adler, dass Sie laufen und nicht müde werden …

Fang mit mir von vorne an

Fang mit mir von vorne an, wirklich ganz von vorne an.
Geh mit mir den ersten Schritt noch einmal.
Auch wenn ich nicht begreifen kann,
dass ich immer noch nicht weiter bin,
fang mit mir noch einmal ganz von vorne an.

Hol mich zurück von meiner Reise
in mein gelobtes heil'ges Land,
hab mich auf meine Art und Weise
auf dem Weg dorthin verrannt.
Und ich kann dir nicht erklären,
warum ich's nicht geschafft hab,
in deiner Spur zu bleiben
und den Weg mit dir zu gehn.

Hab einfach satt, mich zu verrennen,
in einem Chaos der Vergangenheit.
Hab gemeint, mich gut zu kennen,
komm alleine doch nicht weit.
Und ich kann dir nicht erklären,
warum ich's nicht geschafft hab,
in deiner Spur zu bleiben
und den Weg mit dir zu gehn.

Dieser Text ist als Lied erschienen auf der CD „Du lädst uns heute ein".

Fünf Fragen zum Text:

1. Welche Gedanken kommen Ihnen zum Zitat von Barth: „Das völlige Versagen der Christenheit der Kirche Jesu ...“? Konkretisieren Sie diese Aussage!
2. Kennen Sie persönliche „Gethsemane-Erlebnisse“ oder „Ölberg-Stunden“? Tauschen Sie sich darüber aus.
3. Das Ermüdetsein, das Überfordertsein ist ein Symptom unserer Gesellschaft. Woran liegt es und was hat es mit dem Glauben zu tun?
4. Welche tiefere Bedeutung könnte dahinter stecken, dass ausgerechnet der Ort des Versagens und der Ort des Neuanfangs am Ölberg zusammentreffen?
5. Wie kann man erklären, dass ausgerechnet die „Versager-Jünger“ von Jesus mit dem Heiligen Geist ausgerüstet und zu Zeugen berufen werden?

Notizen:

....

....

....

....

Heilung der Schwiegermutter des Petrus

Ort: Kapernaum, Haus des Petrus
Bibelstelle: Matthäus 8,14-17

Kapernaum – ein Dorf, das zur Zeit Jesu ungefähr 1 000 Einwohner hatte. Ein Dorf, wo es sich diese 1 000 Einwohner anscheinend richtig gut haben gehen lassen können, wenn sie es wollten. Denn es gab hier genug zu essen. Es gab genug zu arbeiten, hier in der Nähe des See Genezareth war es gut, zu Hause zu sein. Der jüdische Historiker Josephus schreibt einmal über Kapernaum: „Ihre Erde ist reich und fruchtbar und voller Plantagen mit allerlei Baumsorten. Durch ihre Fruchtbarkeit werden deshalb selbst die Trägsten angelockt, um die Mühen des Ackerbaus auf sich zu nehmen. So wird das ganze Land durch seine Bewohner bestellt und nicht eine Parzelle liegt brach.“[6] Zwischen den Zeilen sagt Josephus nichts anderes als: Hier zu leben war wirklich gut.

Hier lebte auch die Familie von Petrus. Hier lebte Petrus mit seiner Schwiegermutter, mit seiner Frau, mit seinen Kindern, mit den ganzen Verwandten.

Hier in Kapernaum fanden Archäologen das sogenannte Haus des Petrus. Über dieses Haus wird Folgendes berichtet: „Das Haus aus dem ersten Jahrhundert hatte zwei Innenhöfe mit einem Hauptausgang. Man fand in diesem Innenhof einen runden Ofen, was darauf hinzuweisen scheint, dass es sich hier um einen zentralen Familienort handelt. Der südliche Innenhof könnte für Tiere oder als Arbeitsplatz benutzt worden sein. Sowohl in der Größe als auch in den Baumaterialien glich das Haus keinem anderen das in Kapernaum gefunden wurde.“[7]

Also auch wieder ein Hinweis darauf, dass es auch Petrus und seinem Haus, seiner Familie recht gut ging. Wie allerdings der Haussegen hing, wie es um den Familienfrieden in der Familie von Petrus damals zur Zeit Jesu stand, das weiß ich nicht genau. Schließlich hat er ja alle und alles verlassen: seine Familie und seinen wohlhabenden Status – nur um Jesus zu folgen. Nun ist Jesus eines Tages wieder hier in Kapernaum. Petrus ist ebenfalls mit dabei und sie sind im Haus des Petrus. Und dort lesen wir im Matthäus-Evangelium von einer ganz interessanten Geschichte (Matthäus 8,14-17).

Jesus kam in das Haus des Petrus und sah, dass dessen Schwiegermutter zu Bett lag und hatte das Fieber. Da ergriff er ihre Hand und das Fieber verließ sie und sie stand auf und diente ihm. Am Abend aber brachten sie viele Besessene zu ihm; und er trieb die Geister aus durch sein Wort und machte alle Kranken gesund, damit erfüllt würde, was gesagt ist durch den Propheten Jesaja, der da spricht: „Er hat unsre Schwachheit auf sich genommen, und unsre Krankheit hat er getragen.“

Jesus kommt in das Haus von Petrus. „Haus“ war damals in der Antike nicht nur eine Ansammlung von Räumlichkeiten, sondern vor allen Dingen meinte „Haus“ diejenigen, die darin lebten. Es war eine richtige Großfamilie, eine Familie der Generationen. Es wohnten Opa und Oma hier in so einem Haus. Zu so einem Haus zählten Schwiegermutter, Schwiegervater, zählten Eltern, Kinder, aber auch Verwandtschaft. So lebte eben Petrus mit seiner Schwiegermutter, seinem Schwiegervater, seiner Ehefrau, seinen Kindern hier – und in diese Familie kommt Jesus hinein.

Stellen Sie sich vor, was passieren würde, wenn in Ihre Familie Jesus käme. Stellen Sie sich vor, wie das wäre, wenn Jesus zu Ihrer Schwiegermutter käme. Denken Sie an Ihre Schwiegermutter. Einen Augenblick – was kommen für Gefühle hoch? Wenn ich an meine Schwiegermutter denke, muss ich sagen: nun, es gibt Menschen, mit denen versteht man sich besser, und Menschen, mit denen versteht man sich eben schlechter. Stellen Sie sich vor, Jesus kommt zu Ihrer Schwiegermutter und heilt sie. Heilung heißt ja nicht nur, dass das Fieber weg ist, sondern dass er sie aufrichtet, dass er sie zu einem Menschen macht, der gerne für andere da ist, der das Wohl der Mitmenschen im Blick hat. Wie diese Schwiegermutter des Petrus, von der wir lesen, dass sie nach ihrem schweren Fieber eine ganz andere ist und andere Menschen glücklich macht. Weil sie sich um sie kümmert, für sie sorgt (im Urtext steht hier das Wort „diakonein“ – meint also das dienende Tun für andere). Trauen Sie das Jesus zu, dass er zu Ihrer Schwiegermutter kommt? Und dort etwas ganz Besonderes tut, etwas heil werden lässt?

Wer gehört noch alles zu Ihrer Familie? Trauen Sie es Jesus zu, dass er zu Ihrer Ehefrau kommt, sie berührt, sie heil macht, gesund, zufrieden, sodass sie wiederum viele andere Menschen glücklich machen kann, weil sie sich um Sie sorgen kann? Trauen Sie das Jesus zu, dass er zu Ihrem Ehemann kommt, von dem sie schon so oft gedacht haben, da kann man nichts mehr verändern. Trauen Sie es ihm zu, dass Jesus Ihren Ehepartner verändern kann? Dass er ihn heil machen kann, sodass er ein anderer Mensch ist? Dass er aufstehen kann, frei von Schmerzen, Enttäuschungen, Verletzungen und anderen dienen kann, um sie glücklich zu machen? So wie es von der Schwiegermutter des Petrus überliefert ist. Trauen Sie es Jesus zu? Und wissen Sie, haben Sie es noch im Ohr, warum Jesus sich um diese Kranken kümmert? Warum Jesus zur Schwiegermutter des Petrus kommt? Es wird hier von Matthäus der Prophet Jesaja zitiert. Jesus hat das gemacht, weil er unsere Schwachheit auf sich nimmt und unsere Krankheit aushält und trägt.

Wir ergreifen oft die Flucht angesichts der großen Probleme. Verstecken uns. Verbarrikadieren uns. Jesus kommt in unsere Familien, weil er hier in unseren Familien Schwachheiten aushalten will, tragen will. Weil er Krankheiten aushalten will, tragen will. Ist das ein Thema in unseren Familien? Schwachheiten, Krankheiten? Ich denke schon.

Wie oft erlebe ich mich als Vater schwach, weil ich Defizite habe, nicht alles leisten und schaffen kann, gegenüber meinen Kindern viel schuldig bleibe oder gegenüber meinem Ehepartner. All diese Schwachheit will Jesus auf sich nehmen, um mich davon zu entlasten, um mich davon zu entschuldigen, um mich frei zu machen. Dass ich danach wieder in Liebe und Geduld auf andere zugehen kann, ohne zu verurteilen. Denn ich weiß, ich habe selbst so viele Schwachstellen. Aber Jesus hat diese Schwachheit getragen. Es braucht keine Flucht mehr, kein Davonlaufen, kein Sich-voneinander-entfremden und Sich-entziehen.

Eine Frau kam zu mir und bat mich: „Lass uns gemeinsam für meine Mutter beten. Sie hat eine schwere Operation vor sich.“ Und dann beteten wir zusammen, und hofften wir und glaubten wir, und baten Gott darum, dass der die Mutter dieser Frau wieder gesund machen würde. Am nächsten Tag kam die Frau tränenüberströmt zu mir und sagte: „Ich habe gerade einen Anruf bekommen. Mama ist gestorben. Hat die Operation nicht überlebt. Vielleicht hat es gar nicht viel genützt, dass wir am Vorabend noch gebetet haben.“ So will ich es nicht sagen, so will ich es nicht sehen, es ist Gottes Wille. Aber Krankheit, das ist ein Thema unserer Familien. Jesus kommt in die Familien hinein, will Schwachheit aushalten und tragen, will mit uns Krankheiten aushalten und tragen. Wir sind nicht alleine!

Die Schwiegermutter des Petrus hatte einfach nur Fieber, mögen Sie heute sagen. Aber nein, Fieber war damals ein Rätsel. Man wusste nicht genau, wie man es behandeln sollte. Es war so, dass viele Menschen damals am Fieber einfach starben. Deshalb ging es schon um Leben und Tod bei dieser Schwiegermutter. Jesus als Herr über Leben und Tod nimmt die Hand der Schwiegermutter, richtet sie auf und wir lesen, dass das Unfassbare, das Wunderbare, das Seltsame passiert: Diese Person wird gesund. Das ist ein Wunder.

Ich lade Sie heute ein: Öffnen Sie Ihr Haus, Ihre Familie für die Gegenwart Jesu. Bitten Sie Jesus ganz bewusst in ihre Familie. Bitten Sie ihn, dass er die Krankheiten, die Schmerzen, die Verletzungen auf sich nimmt. Das Sie selbst davon befreit, erlöst, entlastet werden. Vielleicht hilft Ihnen ein Gebet von Theo Schmidkonz[8]:

Jesus, Du gehst auch auf mich zu in meiner Not.
Du ergreifst meine Hand wie ein guter Freund.
Ich muß mein Leben nicht mehr, wie es heißt,
fest in meine eigene Hand nehmen.
Ich gebe mein Leben ohne Angst aus der Hand
und lege es voll Vertrauen in Deine Hand.
Herr, Du behandelst mich wunderbar.
Von Deiner Hand geht eine spürbare Kraft aus.
Deine Hand ist so zärtlich, heilend und gut.
In Deine menschlich - göttliche Hand -
lege ich alles.

Ich lade Sie ein, Vertrauen zu haben, dass Jesus auch in ihrem Haus, in ihrer Familie, wie die Schwiegermutter des Petrus, von Krankheit befreien kann, damit aber auch von schweren Sorgen und Nöten. Und dass er Familienangehörige aufrichten kann. Dass es wieder dazu kommt, dass einer dem anderen dienen kann – so wie die Schwiegermutter des Petrus. Haben Sie Vertrauen, dass Jesus in ihrer Familie etwas verändern kann. Dass er Verletzungen, Enttäuschungen, tiefe Wunden, aber auch Krankheiten heilen kann.

Vielleicht ermutigt Sie dazu auch das Tun des württembergischen Pfarrers Johann Christoph Blumhardt, der im 19. Jahrhundert in Möttlingen gewirkt hat. Er hatte die Gabe der Heilung. Mit einer Frau, der Gottliebin Dittus, die schwer erkrankt war, war er lange Zeit in seelsorgerlichem Kontakt. Er erzählt: „An einem Sonntagabend kam ich wieder zu ihr, als mehrere Freundinnen anwesend waren, und sah schweigend den mächtigen Schüttelkrämpfen zu. Ich setzte mich etwas entfernt nieder. Sie verdrehte die Augen, beugte den Kopf seitwärts und krümmte den Leib empor, und Schaum floss abermals aus dem Munde. Mir war klar geworden, dass etwas Dämonisches hier im Spiele sei – nach den bisherigen Vorgängen; und ich empfand es schmerzlich, dass in einer so schauderhaften Sache so gar kein Mittel und Rat solle zu finden sein. Unter diesen Gedanken erfasste mich eine Art Ingrimm; ich sprang vor, ergriff ihre starren Hände, zog ihre Finger gewaltsam, wie zum Beten, zusammen, rief ihr in ihrem bewusstlosen Zustande ihren Namen laut ins Ohr und sagte: Lege die Hände zusammen und bete: Herr Jesus, hilf mir! Wir haben lange genug gesehen, was der Teufel tut; nun wollen wir auch sehen, was Jesus vermag. Nach wenigen Augenblicken erwachte sie, sprach die betenden Worte nach; und alle Krämpfe hörten auf, zu großem Erstaunen der Anwesenden."

Könnte das für Sie ermutigend sein? „Herr Jesus, hilf mir! Wir haben lange genug gesehen, was der Teufel tut, nun wollen wir auch sehen, was Jesu vermag!" Öffnen Sie Ihr Haus, Ihre Familie für Christus. Und ich bin gespannt, was Sie erzählen werden von dem, was Christus in ihrer Familie tut!

Alles lege ich hinein in deine Hände

Wieder steht Veränd'rung für mich an,
wieder fängt alles von vorne an,
doch ich schau' dem Neuen mutig ins Gesicht.

Ich weiß nicht, ob ich es schaffen kann,
der Zweifel nagt sich gütlich satt daran,
doch das Eine gibt mir Grund zur Zuversicht:

Alles lege ich hinein in Gottes Hände,
all das Unbekannte und das mir noch Fremde.
All die off'nen Fragen samt den fernen Tagen,
alles wenden wird sich nur in deinen Händen,
zum Besten wenden wird sich's nur in deinen Händen.

Wieder fällt mir dieser Abschied schwer,
und ich trauer' vielem hinterher,
doch ich trau' mir zu, mir dir schaff' ich das schon!

Wieder lass' ich vieles dort zurück,
viel begrabe ich vom Lebensglück
und ich spür' einen Moment lang auch die Angst.

Dieser Text ist als Lied erschienen auf der CD „Lebenszeichen".

Fünf Fragen zum Text:

1. Haben Sie Erfahrungen, wie Jesus Familien verändern kann?
2. Jesus kommt in das Haus von Petrus und sieht als erstes, was und wer im Argen liegt. Er sieht, wo das Leid ist. Macht solch ein Durchblick auch Angst?
3. Jesus erfüllt prophetische Verheißungen von Jesaja (Matthäus 8,17). „Er hat unsere Schwachheit auf sich genommen, und unsre Krankheit getragen." Wie konkret hilft uns diese Stellvertreterschaft Jesu in Zeiten der Schwachheit und Krankheit?
4. Das Neue Testament fordert uns immer wieder heraus, für die Kranken in besonderer Weise da zu sein (vgl. Jakobusbrief). Welche Erfahrungen haben Sie damit gemacht? Was machen Sie konkret?
5. Durch die Heilung wurde die Schwiegermutter zu einem „dienenden Menschen". Warum könnte diese Schilderung dem Evangelisten so wichtig sein?

Notizen:

....

....

....

Der Hauptmann von Kapernaum

Ort: Kapernaum, Synagoge
Bibelstelle: Matthäus 8,5-13

Man nennt sie die Stadt Jesu – Kapernaum am nordwestlichen Ufer des See Genezareth. Die Evangelien berichten, dass Jesus zu Beginn seines öffentlichen Auftretens Nazareth verließ, um sich in Kapernaum niederzulassen (Matthäus 4,13) und es zu „seiner Stadt“ machte (Matthäus 9,1). In Kapernaum berief Jesus seine ersten Jünger. Als Lebensmittelpunkt in der Zeit seines öffentlichen Wirkens wurden Kapernaum und die umliegende Gegend Schauplatz zahlreicher Taten, Wunder und Lehren Jesu. Kapernaum ist aber auch ein Ort, an dem die Urkirche ihre ersten Schritte tat. Nach der Kreuzfahrerzeit geriet Kapernaum in Vergessenheit.

Erst im 19. Jahrhundert wurden dessen Überreste wieder entdeckt und das Gelände von den Franziskanern des Heiligen Landes erworben. Die Ausgrabungen haben viel über den Alltag in dem antiken Städtchen offenbart. Die archäologische Stätte weist, neben Überresten vieler Häuser und Gassen, eine großen Synagoge auf. Der für das Christentum wichtigste Fund ist allerdings das

Haus des Apostels Petrus, in dem Jesus sicherlich viel Zeit verbrachte, vielleicht sogar auch wohnte. Dieses Haus wurde bereits von den ersten Christen in eine Hauskirche umgewandelt. Heute schwebt eine moderne Kirche darüber.

Sowohl durch seine Schönheit als auch wegen seiner besonderen spirituellen Bedeutung gehört Kapernaum zu den wichtigsten Stätten des Christentums im Heiligen Land.

Hier hat Jesus viel Zeit seines Lebens verbracht, hier hatte er Freunde, Bekannte, Verwandte. Hier hatte er aber auch viel zu arbeiten, um Geld zu verdienen. Natürlich hat er hier auch viel gelehrt. Zum Beispiel in der Synagoge.

Eines Tages hatte er hier in Kapernaum eine Begegnung mit einem Hauptmann. Wie kommt hier nach Kapernaum, einem größeren Dorf mit ungefähr 1 000 Einwohnern ein Hauptmann? Zunächst: Die römischen Hauptleute bildeten das Rückgrat des römischen Heeres. Eine römische Legion bestand aus 6 000 Mann und war in sechzig Hundertschaften zu je hundert Mann unterteilt, die jeweils von einem Hauptmann oder Zenturio angeführt wurden und die an verschiedenen Orten stationiert waren. Die Hauptleute waren langgediente Soldaten und verantwortlich für die Disziplin der Truppe. Die Moral des römischen Heeres hing in Kriegs- und Friedenszeiten gleichermaßen von ihnen ab.

Der griechische Geschichtsschreiber Polybius schildert, welche Eigenschaften man von einem Hauptmann erwartete: Er brauchte nicht so sehr die Gefahr zu suchen. Vielmehr musste er befehlen können, beständig und zuverlässig im Handeln sein. Er sollte sich nicht übereifrig in die Schlacht stürzen, in Bedrängnis dagegen die Stellung halten und bereit sein, auf seinem Posten zu sterben. Die Zenturionen waren die besten Männer der Armee. Tatsächlich hatten die Römer, die hier in Israel herrschten, 100 Soldaten abgestellt, die hier für die Sicherheit zuständig waren. Und Chef von diesen 100 Soldaten in Kapernaum war eben dieser Hauptmann. Eines Tages kommt es zwischen Jesus und diesem Hauptmann zu einer interessanten Begegnung. Was da genau geschah, erzähle ich Ihnen in der Synagoge, denn da hat der Hauptmann vielleicht Jesus ab und zu getroffen und gehört. Kommen Sie mit mir in die Synagoge in Kapernaum.

Matthäus 8,5-13:

Als aber Jesus nach Kapernaum hineinging, trat ein Hauptmann zu ihm; der bat ihn und sprach: Herr, mein Knecht liegt zu Hause und ist gelähmt und leidet große Qualen. Jesus sprach zu ihm: Ich will kommen und ihn gesund machen. Der Hauptmann antwortete und sprach: Herr, ich bin nicht wert, dass du unter mein Dach gehst, sondern sprich nur ein Wort, so wird mein Knecht gesund. Denn auch ich bin ein Mensch, der Obrigkeit untertan, und habe Soldaten unter mir; und wenn ich zu einem sage: Geh hin!, so geht er; und zu einem andern: Komm her!, so kommt er; und zu meinem Knecht: Tu das!, so tut er's. Als das Jesus hörte, wunderte er sich und sprach zu denen, die ihm nachfolgten: Wahrlich, ich sage euch: Solchen Glauben habe ich in Israel bei keinem gefunden! Aber ich sage euch: Viele werden kommen von Osten und von Westen und mit Abraham und Isaak und Jakob im Himmelreich zu Tisch sitzen; aber die Kinder des Reichs werden hinausgestoßen in die Finsternis; da wird sein Heulen und Zähneklappern. Und Jesus sprach zu dem Hauptmann: Geh hin; dir geschehe, wie du geglaubt hast. Und sein Knecht wurde gesund zu derselben Stunde.

Ein Hauptmann, das war einer, der hatte Autorität, der hatte Macht. Wenn der etwas sagte, wenn der etwas wollte, dann brauchte er nur ein Wort zu sprechen und dann geschah es. Der konnte sich durchsetzen. Wahrscheinlich hat er auch oft die Ellenbogen dafür benutzt. Jetzt aber ist sein Knecht krank – wobei wir nicht genau wissen, ob wir Knecht oder Sohn übersetzen sollen. Sollte es der Knecht, quasi ein Sklave gewesen sein, überrascht der Einsatz des Hauptmannes für ihn: normaler Weise engagiert man sich in der Antike nicht so für Sklaven. Sie haben keinerlei Rechte. Sollte ein Herr sich um seinen Knecht kümmern, ist das aus freien Stücken – einfach nur eine große Gnade. Anscheinend lag dem Hauptmann viel an seinem Knecht. Deshalb bemüht er sich um ihn. Auch in aller Öffentlichkeit, trotz aller Häme, die er damit auf sich zieht. Nun war er allerdings mit seiner Weisheit, mit seiner Autorität und seinen Möglichkeiten am Ende. Er hatte schlichtweg eine Not, ein Leid, ein Elend, eine Sorge, ein Problem, bei dem er nicht selbst weiter weiß und kommt. Hier in der Synagoge hat er vielleicht Jesus ein paar Mal lehren gehört. Mit Sicherheit war es ihm ein wenig suspekt. Natürlich war es für ihn und seinen Ruf und die Karriere nicht förderlich, mit einem Rabbi Kontakt aufzunehmen: er machte sich lächerlich. Zeigte öffentlich Schwächen.

Auch Nikodemus traut sich nur bei Nacht und Nebel zu Jesus. Aber das Problem des Hauptmannes war größer als alle Scheu, als alle Furcht vor dem, was die anderen sagen und denken. Er geht zu Jesus hin und dann zählt plötzlich nur noch die Logik. Jesus, du bist ein Mensch mit Macht. Wenn du etwas willst, dann kannst du dafür sorgen, dass es geschieht. Es ist so, wie bei mir. Wenn ich, als Hauptmann, wenn ich etwas will, dann sag ich was und dann geschieht es. Dann folgen mir die Leute und dann stehen die Gewehr bei Fuß – nur für mich. Jesus, mit Sicherheit kannst du doch auch was tun für meinen Knecht. Ich kann nichts mehr tun.

Genau das ist Glauben. Und das weiß dieser Hauptmann, der auch der griechischen Sprache mächtig war. Im Griechischen gab es eine „Geschichte" um das Wort „Glaube". Wenn sich zwei verfeindete Gruppen im Krieg gegenüber standen, und die eine Macht unterlegen war, konnte sie die Friedensfahne hissen. Damit wurde dem Stärkeren signalisiert: „Wir können nicht mehr. Wir sind am Ende unserer Kraft." Die Friedensfahne war nicht nur ein Zeichen, sondern ein Abmachung: der Unterlegenere unterwarf sich dem Stärkeren. Der Stärkere nützte dabei die Schwachheit des Gegners nicht aus, sondern hatte die Pflicht, sich von nun an um die Bedürfnisse des anderen zu kümmern.

Glaube heißt, ich hisse die Friedensfahne und signalisiere Gott: Ich kann nicht mehr. Gott, ich selbst bin am Ende mit meinen Möglichkeiten, mit meinen Kräften, mit meinen Chancen und ich weiß nicht mehr, was tun. Und jetzt vertraue ich mich dir,

Gott, an, in der Hoffnung, dass du als Überlegener Mittel und Wege hast, mir zu helfen. Genauso geschieht es zwischen Jesus und dem Hauptmann. Genau das, was der Hauptmann tut, das nennt Jesus Glauben. Selbst an die Grenzen zu kommen, selbst an die Schwachstellen zu gelangen, nicht mehr weiter zu wissen und dann alles in die Hände eines Stärkeren hineinzulegen.

Eugen Drewermann schreibt: „Das Beste, was du tun kannst für das Wohl deiner Tochter oder deines Sohnes ist, dass du die ‚Verantwortung' abgibst und selber lebst; du musst das Entscheidende nicht ‚machen', du kannst und darfst vielmehr ein neues Vertrauen lernen in die Macht die uns alle trägt."[9]

Dieser Glaube gibt uns manchmal das Gefühl, selbst nicht wert genug zu sein. Selbst nichts hinzubekommen. Und so formuliert es der Hauptmann: „Ich bin es überhaupt nicht wert, dass du zu mir kommst." Das schöne an diesem Gefühl ist: es darf sein. Es ist nicht ein Armutszeugnis. Keine Schmach. Keine Schande. Jesus entgegnet dem Hauptmann: „Doch du bist es wert, dass ich dir helfe! Ich will kommen und für dich da sein."

Das ist die Botschaft der Bibel: Gottes bedingungsloses Ja zu uns, zu jedem Menschen, egal welcher Rasse, welcher Religion, welcher Überzeugung er angehört. Egal, auf welchem hohen Ross er sitzt, oder in welchem dunklen Tal er sich befindet. In Johannes 3,16 heißt es:

Denn also hat Gott die Welt geliebt, dass er seinen eingeborenen Sohn gab, damit alle, die an ihn glauben, nicht verloren werden, sondern das ewige Leben haben.

Alle dürfen sich der Liebe Gottes wert geachtet fühlen. Wir müssen nicht die Fragen stellen: „Reicht das, was ich habe? Ist es gut so, wie ich bin? Bin ich in Gottes Augen wert genug?“

„Ja!“, sagt Gott. „Ich bin‘s und ja, du bist es. Du liegst mir am Herzen. Für dich tue ich alles. Für dich spreche ich nur ein Wort und deine Seele wird gesund.“

Ich möchte Sie einladen. Machen Sie es wie dieser Hauptmann. Ich weiß nicht, wo Sie stehen. Ich weiß nicht, was Sie über Jesus denken. Vielleicht sind Sie ein Atheist, überzeugt davon, dass das mit Jesus überhaupt nicht stimmen kann. Vielleicht sind Sie zweifelnd, misstrauisch, so wie dieser Hauptmann. Diese Geschichte hier in der Synagoge, hier in Kapernaum spricht für sich. Es ist eine Einladung für jeden. Egal, wo er steht. Egal, was er ist. Egal, wie hoch zu Ross er sitzt wie dieser Hauptmann. Es ist eine Anleitung – komm zu Jesus. Vertrau dich ihm an, wenn du selbst nicht weiter weißt. Und dann erlebe eine Überraschung. Das ist ein Abenteuer; das macht das Leben spannend, weil wir nicht wissen, was noch alles kommt, was Gott mit uns vorhat. Zu diesem wagemutigen Schritt lade ich Sie ein – hier in Kapernaum. Kommen Sie zu Jesus, vertrauen Sie ihm und lassen Sie sich überraschen, was er aus Ihrer Situation, aus Ihrem Leben macht. Und das alles nur, weil er uns so lieb hat, wie wir sind.

Jesus prophezeit solchen Glauben, solches Friedensfahnen-Hissen noch vielen Menschen (Matthäus 8,11):

Aber ich sage euch: Viele werden kommen von Osten und von Westen und mit Abraham und Isaak und Jakob im Himmelreich zu Tisch sitzen.

Das heißt: viele werden kommen, um sich Jesus, dem Stärkeren, auszuliefern. Um sich ihm zu unterwerfen, sich ihm anzuvertrauen. Viele werden erkennen, dass letzten Endes unsere Hilfe bei Gott ist, in Jesus. Und dass es keinen anderen Ort des Friedens, der Versöhnung, der Kraft und des Neuanfangs gibt!

Euer Herz erschrecke nicht

Vor der ungewissen Zukunft: Gott vertrau'n!
In den ausweglosen Lagen: Gott vertrau'n!
An den hoffnungslosen Tagen: Gott vertrau'n!
In den angsterfüllten Stunden: Gott vertrau'n!

Worte, die das Fürchten lehren,
Krisen, die die Angst vermehren,
Mauern, die die Sicht verbauen,
Pläne, die wir nicht durchschauen.
Menschen, die uns Angst einjagen,
Nöte, die sich überschlagen.
Dramen, die uns sprachlos machen,
Sorgen, die zu schaffen machen.

Euer Herz erschrecke nicht. Glaubt an Gott und glaubt an mich.

Aufbruch, in das Unbekannte,
Schatten wirft das Ungeplante,
Abschied, der uns endlos schwerfällt,
Zweifel, der das Herz quält.
Fehler die man nicht verziehn kriegt,
Schuld, die schon so lang zurückliegt,
Hoffnung auf den neuen Anfang,
Ängste, weil er so oft misslang.

Euer Herz erschrecke nicht. Glaubt an Gott und glaubt an mich.

Dieser Text ist als Lied erschienen auf der CD „Lebenszeichen" und auf der CD-Card „Euer Herz erschrecke nicht".

Fünf Fragen zum Text:

1. Der Hauptmann ist einer, der trotz viel Autorität an seine Grenzen stößt. Wie können Sie sich mit ihm identifizieren?
2. Der Glaube zwischen „Herr, ich bin es nicht wert“ und „Ich bin stark durch die Kraft Jesu in mir“, zwischen Verzagtheit und Selbstvertrauen – halten Sie das für eine gelungene „Zerrissenheit“ unserer Existenz in Christus?
3. Der Kommentar von Eugen Drewermann ist eine Herausforderung: „Das beste, was du tun kannst für das Wohl deiner Tochter oder deines Sohnes ist, dass du die ‚Verantwortung‘ abgibst und selber lebst; du musst das Entscheidende nicht ‚machen‘, du kannst und darfst vielmehr ein neues Vertrauen lernen in die Macht die uns alle trägt.“ Was denken Sie darüber?
4. Der Glaube als das „Hissen der Friedensfahne“ – können Sie das auf Ihren Alltag übertragen?
5. Jesus prophezeit, dass noch viele solchen Glauben haben werden, wie der heidnische Hauptmann. Anderen, den „Kindern des Reichs“ prophezeit er, „hinausgestoßen (zu werden) in die Finsternis; da wird sein Heulen und Zähneklappern“. Anscheinend fehlt ihnen der Glaube. Die Folge ist eine Exis-

tenz in der Finsternis, mit Heulen und Zähneklappern. Was beschreibt Jesus damit?

Notizen:

Track 5

KAPITEL 5

Jesu Kreuzigung und Grablegung

Ort: Golgatha, Schädelstätte, Gartengrab
Bibelstelle: Lukas 23,26-56; Johannes 19,17-42; Matthäus 27,31-66

In Israel lernten wir am Gartengrab den Theologen Paul Weaver kennen. Er ist ein leitender Mitarbeiter vor Ort und führt die Gruppen durch die historische Stätte. Er hat uns wertvolle theologische und geographische Impulse gegeben – zum Gartengrab und zur Schädelstätte, genannt Golgatha!

Er erzählt: „Wir sind gerade so außerhalb der Stadtmauern – 300 Meter von der Stadtmauer des Damaskus-Tores. Dieser Garten wurde vor 120 Jahren gefunden, als ein Mann nach Wasser grub und er das Grab fand. Dieses Grab könnte sehr gut das Grab von Jesus Christus sein. Dieses Areal wurde archäologisch ausgegraben und ist jetzt ein Ort, an dem jährlich eine Viertelmillion Besucher das Evangelium hören. Hinter mir sind einige Felsen und in den Felsen sehen Sie zwei Augen und einen Nase. Dieser Ort heißt Schädelstätte. Wir glauben, dass dies tatsächlich der Ort sein könnte, wo Jesus gekreuzigt wurde. An dieser Stelle war vor 2 000 Jahren eine wichtige Kreuzung von zwei Hauptverkehrsstraßen auf dem Weg nach Jerusalem. Eine kam von Damaskus her, die andere von Jericho.

An Festtagen waren hier oft Tausende von Menschen mit Palmwedeln unterwegs. Und es war ein Ort, an dem Menschen für ihre Verbrechen hingerichtet wurden. Als erstes nutzen die Juden diese Felsen, um Menschen zu steinigen. Sie brachten die Schuldigen an die Felsklippen hinter mir und stießen sie hinunter. Dann warfen sie große Steine auf die Körper, um diese zu erschlagen. Dies war die jüdische Methode der Steinigung. Man nimmt an, dass dies auch der Ort ist, wo der erste Märtyrer der ersten Christen, Stephanus, zu Tode gesteinigt wurde. Die ganze Gegend hier wird auch oft Stephanus' Ort genannt. Daher ist dies auch ein historisch bedeutsamer Platz für die christliche Kirche und auch für das Evangelium.

Nach den Juden kamen die Römer. Sie kreuzigten Menschen oft an der gleichen Stelle, die die Juden zuvor für ihre Steinigungen genutzt hatten. Hier war ein idealer Ort für Kreuzigungen, da die zwei Hauptstraßen nach Jerusalem hier zusammentrafen und somit alle Reisenden die Macht Roms sehen konnten. An dieser Stelle wurden eines Tages drei Kreuze aufgestellt. Diese drei Kreuze erzählen uns das Evangelium. Das mittlere Kreuz erzählt uns die Botschaft Gottes an den Planet Erde. Was sagt uns diese Botschaft? Das ist ganz einfach: Gott liebt dich! Niemand kann wirklich das Kreuz ansehen, sehen, wie Jesus dort stirbt, und dennoch sagen: ich bin nicht geliebt. Du bist geliebt vom ewigen Gott. Das ist die Botschaft des mittleren Kreuzes.

Und dann sehen wir auf jeder Seite ein weiteres Kreuz. Beide erzählen die Geschichte von der Antwort des Menschen auf Gottes Botschaft der Liebe. Die eine Person, die am Kreuz starb, wollte mit Jesus nichts zu tun haben. Also lehnte sie ihn ab und kehrte ihm den Rücken zu, wie viele Menschen dies auch heute in der Welt tun. Aber da war noch ein Mann auf der anderen Seite von Jesus, der die Authentizität Jesu sah. Er sah, dass da etwas anders war an ihm und sagte: ‚Jesus, wenn du in dein Königreich kommst, erinnere dich an mich.' Und Jesus antwortete ihm: ‚Heute noch wirst du mit mir im Paradies sein.'

Das ist die Entscheidung, die so viele Christen überall auf der Welt getroffen haben. Folge auch du Jesus. Ich bin auch einer dieser Menschen, die Jesus folgen. Aber dieser Ort spricht zu uns auch über Hinrichtung. ‚Schädelstätte' auf griechisch und hebräisch. Es bedeutet: Golgatha, Schädelstätte. Das ist der Ort, wo wahrscheinlich die Kreuzigung Jesu stattfand und Jesus für die Sünden der Welt starb.

Hier verlassen wir den Garten. Die Bibel sagt uns, dass ein Mann namens Josef von Arimatäa den Leichnam Jesu vom Kreuz herunternahm. Er trug ihn in seinen Garten, von dem die Bibel sagt, dass er in der Nähe war.Ein echter Garten, der heute über 2 000 Jahre alt ist und bereits zur Zeit der Hinrichtung bestand. Er trug also den Leichnam in seinen Garten, denn dort hatte er ein Grab für seine Familie und sich in einen Fels gehauen. Wenn Sie Ausschau halten nach dem Grab Jesus, dann suchen Sie nicht nach einem Einzelgrab, sondern Sie suchen nach einem Familiengrab. Und das ist es, was wir hier in diesem Garten haben. Es ist nicht nur einfach ein Grab. Es ist ein Familiengrab und es ist ein sehr außergewöhnliches Grab hinzu. Es ist nicht einmalig, aber sehr selten. Warum? Weil es unterteilt war in eine linke und eine rechte Grabkammer.

Normalerweise haben Gräber dieser Art eine Kammer, in die man hineinläuft und dann noch eine Kammer dahinter. Aber dieses Grab ist anders. Es ist genauso, wie es die Schreiber der Evangelien beschreiben. So steht es in der Schrift: Die Frauen gingen in die rechte Grabkammer, wo die Engel gesagt hatten: Er ist nicht hier. Er ist auferstanden. Und Petrus ging hinein und drehte seinen Kopf nach rechts. Nur um uns zu zeigen, dass dort rechts eine Kammer war. Und dieses Grab im Garten zeigt dies perfekt. In diesem Garten kommen einige einzigartige Fakten zusammen. Wir haben zunächst die Lage in der Nähe der Hinrichtungsstätte, dem Platz der Kreuzigung und dann den Garten von Josef von Arimatäa, dem Ort des Begräbnisses so nah dazu. Jesus wurde zwar ins Grab gelegt, aber er war nicht sehr lange dort, denn er würde von den Toten auferstehen. Am dritten Tag stand er von den Toten auf und lebt heute für immer und ewig. Er ist seither der Retter der Menschheit. So können wir hier am Gartengrab die ganze Geschichte des Evangeliums erzählen: die Kreuzigung, den Garten, das Grab, die Grablegung und die Auferstehung von Jesus Christus. Für alle, die an Jesus als den Retter (Christus) glauben, wird es einen Tag geben, an dem Jesus zurückkommen wird für alle, die an ihn glauben und die dann zusammen mit ihm in der Ewigkeit leben werden. Ich hoffe und bete, dass die Geschichte dieses wundervollen Gartens auch für Sie heute ein Segen sein wird und dass Sie auch diesen wundervollen Retter Jesus Christus als Ihren persönlichen Retter annehmen. Gott segne Sie.“

Wenn Gott sein Ja und Amen spricht

Wenn Gott sein Ja und Amen zu diesem Leben spricht,
wenn nach dem Lebensabend die lange Nacht anbricht,
sich nach dem letzten Gang, die Wege sich nun trennen:
Hier, das was wir schon kennen, dort, was noch unbekannt.

Gott, du hast unsre Wege durchdacht,
was geschieht steht in deiner Macht.
Der Tod ist überwunden, von unserm Herrn und Gott,
Der Herr ist auferstanden und hat das letzte Wort.

Wenn Gott uns Menschenkinder den Tod aushalten lässt,
hält er uns hier im Leiden, und dort im Sterben fest.
Es bleibt für uns der Trost, die Hoffnung die uns leitet,
das man für uns bereitet, ein Wiedersehn bei Gott.

Wir singen Klagelieder und tragen schweres Leid,
in allem dringt hernieder, was uns am Ende bleibt:
Gott wird der Heiland sein, den Schmerz wird er bald wenden,
die Trauer hier beenden und dann wird Freude sein.

Dieser Text ist als Lied erschienen auf der CD „Lebenszeichen".

Track 6

KAPITEL 6

Maria von Magdala am Gartengrab

Ort: Gartengrab
Bibelstelle: Johannes 20,11-18 und Psalm 139

Vielleicht stand sie hier – Maria. Ein paar Schritte weg vom Gartengrab, wo sie vor ein paar Stunden Jesus hineingelegt hatten, nachdem er ein paar weitere Schritte in die andere Richtung, auf Golgatha an der Schädelstätte, gekreuzigt worden war. Und dann das Seltsame, das Verheerende. Plötzlich war Jesus nicht mehr da. Das Grab war leer und keiner konnte sich das erklären. Jetzt stand Maria hier vor dem Grab und es gab keinen Halt mehr für sie. Sie weinte bitterlich. So viel Verzweiflung nach all dieser Ungerechtigkeit, die passiert war. Ihr Jesus, der in ihrer Familie so viel Gutes getan hatte, war tot, wurde hingerichtet. Und jetzt? Johannes schreibt in Kapitel 20, Verse 11-18:

Maria aber stand draußen vor dem Grab und weinte. Als sie nun weinte, schaute sie in das Grab und sieht zwei Engel in weißen Gewändern sitzen, einen zu Häupten und den an-

dern zu den Füßen, wo sie den Leichnam Jesu hingelegt hatten. Und die sprachen zu ihr: Frau, was weinst du? Sie aber sprach zu ihnen: Sie haben meinen Herrn weggenommen, und ich weiß nicht, wo sie ihn hingelegt haben. Und als sie das sagte, wandte sie sich um und sieht Jesus stehen und weiß nicht, dass es Jesus ist. Spricht Jesus zu ihr: Frau, was weinst du? Wen suchst du?

Sie meint, es sei der Gärtner, und spricht zu ihm: Herr, hast du ihn weggetragen, so sage mir, wo du ihn hingelegt hast; dann will ich ihn holen. Spricht Jesus zu ihr: Maria! Da wandte sie sich um und spricht zu ihm auf hebräisch: Rabuni!, das heißt: Meister! Spricht Jesus zu ihr: Rühre mich nicht an! Denn ich bin noch nicht aufgefahren zum Vater. Geh aber hin zu meinen Brüdern und sage ihnen: Ich fahre auf zu meinem Vater und zu eurem Vater, zu meinem Gott und zu eurem Gott. Maria von Magdala geht und verkündigt den Jüngern: Ich habe den Herrn gesehen, und das hat er zu mir gesagt.

Aus einer Trauergeschichte wird eine Hoffnungsgeschichte, eine Freudengeschichte. Aber zunächst überwiegt die Trauer, zunächst steht sie hier und weint. Sie weint, weil sie so viel Elend erlebt hat, soviel Ungerechtigkeit. Das Wertvollste ist aus ihrem Leben verschwunden – was soll sie jetzt noch tun? Ich denke, dieses Gefühl von Maria kennen wir bis heute. Deshalb ist es eine Geschichte, die bis heute aktuell ist. Wissen Sie um die vielen Tränen, die wir weinen, weil wir etwas begraben mussten? Die vielen Träume, die Wünsche, die Ideen, die wir hatten. Menschen, die wir lieb gewonnen haben – weg. Einfach gestorbenen und begraben und es ist nicht mehr aufzuhalten. Die Tränen rollen. Und wir stehen da, wie Maria am Grab, und weinen und weinen und weinen über das, was jetzt nicht mehr ist.

Was reißt Maria aus ihrem Leid? Was trocknet hier am Gartengrab ihre Tränen? Es ist eine seltsame Begegnung. Mit den Engeln kann sie anscheinend nicht viel anfangen. Und dann kommt es zu der Begegnung zwischen Maria und dem vermeintlichen Gärtner, der doch Jesus ist. Was sie aber nicht erkennt. Gott als Gärtner, Jesus als Gärtner. Dürfen wir uns Gott am Grab als Gärtner vorstellen? Was ist denn ein Gärtner? Ein Gärtner hegt und pflegt zunächst die gute Saat, dann streut er sie aufs Land, dann fällt sie in den Boden. Wir meinen, es ist vorbei, es ist gestorbenen. Wir sehen nichts mehr. Und plötzlich kommt aus dieser Saat, die begraben und gleichsam gestorben ist, aber auch gehegt und gepflegt wird vom Gärtner, neues Leben. Gott als Gärtner. Als Friedhofsgärtner.

Wie sagt es Jesus einmal im Johannesevangelium (12,24), wohl wissend, dass er bald sterben wird?

> *Wenn das Weizenkorn nicht in die Erde fällt und erstirbt, bleibt es allein; wenn es aber erstirbt, bringt es viel Frucht.*

Ich lade Sie ein, neu über Gott zu denken! Stellen Sie sich Gott gerade an den vielen Gräbern in ihrem Leben als Gärtner vor. Ein Gärtner, der sich um Sie sorgt. Ein Gärtner, die viel gute Saat in Ihr Leben ausgestreut hat. Viel davon scheint abzusterben.

Aber vieles davon muss absterben, damit es neu aufgehen kann, zu neuem Leben kommt. Denken Sie an alles, was Sie persönlich begraben mussten. Hier am Grab, das ist eine Hoffnungsgeschichte, denn Gott kommt in unsere Welt wie ein Gärtner.

Plötzlich wird aus all dieser Trauer, aus all diesem Leid eine Geschichte voller Leben. Warum denn das alles? Warum dieser ständige Prozess von Leben und Sterben, von begraben und auferstehen? Jesus gibt uns die Begründung. Paulus sagt im Römerbrief (14,9):

> *Denn dazu ist Christus gestorben und wieder lebendig geworden, dass er über Tote und Lebende Herr sei.*

Christus als Herr über das Tote und Herr über das Leben. Was wir meinen, begraben zu müssen und schon begraben haben – auch das kennt Christus. Nimmt es als Gärtner in die Hand, kümmert sich darum und sorgt dafür, dass es reifen kann, dass es wachsen kann, dass es aus der Erde heraus kommt und neue Frucht bringt. Und somit für viele Menschen zum Segen wird. Eine Hoffnungsgeschichte, hier am Gartengrab, wo zunächst nur Tränen waren. Dass Ihre Tränen heute hier an diesem Gartengrab, an Ihrem persönlichen Gartengrab, getrocknet werden, dass Sie Jesus dem Gärtner begegnen, dem Gott, der neues Leben entstehen lassen kann, das wünsche ich Ihnen. Und deshalb möchte ich gerne mit einem alten jüdischen Gebet schließen.

Mit Psalm 139, als diesem Psalmisten David alle Angst vor dem Sterben, vor aller Bedrängnis und aller Not genommen worden ist. Und jetzt singt er:

Herr, du erforschest mich und kennest mich. Ich sitze oder stehe auf, so weißt du es; du verstehst meine Gedanken von ferne. Ich gehe oder ich liege, so bist du um mich und siehst alle meine Wege. Denn siehe, es ist kein Wort auf meiner Zunge, das du, Herr, nicht schon wüsstest. Von allen Seiten umgibst du mich und hältst deine Hand über mir. Diese Erkenntnis ist mir zu wunderbar und zu hoch, ich kann sie nicht begreifen. Wohin soll ich gehen vor deinem Geist, und wohin soll ich fliehen vor deinem Angesicht? Führe ich gen Himmel, so bist du da; bettete ich mich bei den Toten, siehe, so bist du auch da. Nähme ich Flügel der Morgenröte und bliebe am äußersten Meer, so würde auch dort deine Hand mich führen und deine Rechte mich halten. Spräche ich: Finsternis möge mich decken und Nacht statt Licht um mich sein –, so wäre auch Finsternis nicht finster bei dir, und die Nacht leuchtete wie der Tag. Finsternis ist wie das Licht.

Und dann erklärt uns David noch, warum er so fühlt. Warum er so voller Hoffnung ist, so voller Zuversicht, voller Gewissheit. Er sagt: Gott du hast mich wunderbar gemacht. Ich bin wertvoll in deinen Augen. Du hast mich lieb, so wie ich bin.

Auch Maria hat das erfahren, als Jesus sie beim Namen ruft: Maria, fürchte dich nicht. Ich habe dich bei deinem Namen gerufen. Du bist mein!

Wir sind von Gott geliebt. Persönlich beim Namen gerufen, auch wenn Maria noch viele Tränen unter den Augen hat. Tränenränder, verheulte Augen, weil sie es kaum aushält mit diesen Tränen. Mit dieser persönlichen Geschichte ruft Gott uns beim Namen und ist ganz nahe bei uns. Fürchte dich nicht. Ich habe dich erlöst, ich habe dich bei deinem Namen gerufen, Maria.

Noch einmal hier die Einladung, an ihr persönliches Gartengrab zu kommen und sich darauf zu besinnen. Gott ist der, der uns lieb hat, und deshalb begegnet er uns hier als Gärtner.

Der Herr ist auferstanden!

Der Herr ist auferstanden, ja wahrhaftig: Jesus lebt.
Lobt den Herrn! Er hat den Tod besiegt.
Sucht ihn nicht mehr bei den Toten,
seht, dass er hier nicht mehr liegt.
Lobt den Herrn! Er hat den Tod besiegt!
Lobt den Herrn! Er hat den Tod besiegt!

Wir steh´n mit Christus auf, voller Hoffnung für die Welt,
als ein Lebenszeichen, das die Nacht erhellt!
Der neue Morgen naht, wo das Grauen sich verliert,
weil er uns am dritten Tag aufrichten wird
und das Totgeglaubte wieder leben wird.

Wir bitten unsern Herrn, dass er uns auch auferweckt,
aus der Todesnacht, die viele noch erschreckt.
Kommt lasst uns zu ihm geh'n,
mit all dem, was uns verwirrt,
weil er uns am dritten Tag aufrichten wird
und das Totgeglaubte wieder leben wird.

Wir danken unserm Herrn, dass er uns nie mehr verlässt,
sein Versprechen, hier zu bleiben, das steht fest.
Wir bleiben nah bei ihm, wenn uns vieles irritiert,
bis er uns am dritten Tag aufrichten wird
und das Totgeglaubte wieder leben wird.

Dieser Text ist als Lied erschienen auf der CD-Card „Der Herr ist auferstanden! Jesus lebt."

Fünf Fragen zum Text:

1. Beschäftigen Sie sich noch einmal mit der Biografie von Maria von Magdala. Was für Begegnungen gab es zwischen ihr und Jesus?
2. „Was weinst du?“ – Diese Frage des Engels und des Gärtners hört sich seltsam an. Die Frage müsste doch lauten: „Warum weinst du?“ Was könnte der tiefere Sinn dieser „Was“-Frage sein?
3. Gott als Gärtner. Können Sie mit diesem Gottesbild etwas anfangen? Gibt es Parallelen im Alten und Neuen Testament zu Gott als Gärtner?
4. Warum erkennt Maria Jesus genau in dem Moment, als sie mit Namen angesprochen wird?
5. Die Verkündigung von Maria könnte Vorbild sein für unsere Verkündigung. Was genau verkündigt sie?

Notizen:

....

....

....

....

Mit Jesus untergehen?

Ort: Ufer des See Genezareth
Bibelstelle: Markus 4,35-40

Hier ist es gut sein: Am Ufer des See Genezareth, wo man die Stille genießen, die Wellen beobachten, sich den Wind ins Gesicht blasen lassen oder die Sonne genießen kann.

Lassen wir über diesen See einen erzählen, der Zeit seines Lebens dort gelebt und gearbeitet und gekämpft hat: Flavius Josephus, Militärkommandeur in Galiläa, ein Augen- und Zeitzeuge im ersten Jahrhundert und ein bedeutender Geschichtsschreiber:

„Der See Genezareth, der seinen Namen von der angrenzenden Landschaft hat, ist 40 Stadien breit und 140 lang. Gleichwohl ist sein Wasser süß und zum Trinken sehr geeignet; denn es ist klarer als das dicke Wasser von Sumpfsee, überall rein, weil der See von sandigen Ufern begrenzt ist, und so temperiert, dass es sich gut schöpfen lässt. Es ist milder als Fluss- oder Quellwasser, bleibt aber kühler, als man nach der Ausdehnung des Sees erwarten sollte. Wird das Wasser der freien Luft ausgesetzt, so gibt es dem Schnee an Kälte fast nichts nach, weshalb die Einwohner es in Sommernächten tun. Es gibt im See allerlei Arten von Fischen, die an Geschmack und Gestalt von denen anderer Gewässer verschieden sind. (...) Den See Genezareth entlang erstreckt sich eine gleichnamige Landschaft von wunderbarer natürlicher Schönheit. Der Boden ist so fett, dass jede Pflanze wachsen kann und die Bewohner haben ihn auch mit allen möglichen Arten bepflanzt, zumal das ausgezeichnete Klima zum Gedeihen der verschiedensten Gewächsarten beiträgt. Nussbäume, die am meisten der Kühle bedürfen, wachsen dort in großer Menge, ebenso wie Palmen, die nur in der Hitze gedeihen; nahe bei ihnen stehen Feigen- und Ölbäume, denen eine gemäßigte Temperatur mehr zusagt. Was sich hier vollzieht, könnte man ebenso einen Wettstreit der Natur nenne, die das einander Widerstrebende auf einen Punkt zu vereinen trachtet, wie einen edlen Kampf der Jahreszeiten, von denen jede diese Landschaft in Besitz zu nehmen sucht. Der Boden bringt die verschiedensten Obstsorten nicht bloß einmal im Jahr, sondern fortwährend hervor. (...) Zu dem milden Klima gestellt sich die Bewässerung durch eine sehr kräftige Quelle, die von den Eingeborenen des Landes Kapernaum genannt wird."[10]

Alles in allem: der See Genezareth ist ein Segen, von ihm geht Segen aus! Aber im Moment ist noch alles ganz still und angenehm. Da der See aber sehr tief liegt (mehr als 200 Meter unter dem Meeresspiegel!) und von hohen Bergen umgeben ist, bilden sich immer wieder gefährliche Fallwinde. In kürzester Zeit peitschen senkrecht herabstürzende Böen die Wellen so hoch, dass so ein kleines Boot wie das unsrige leicht kentern könnte.

Ein Reiseleiter, der viele Jahre in Israel Gruppen führte, erzählt Folgendes: „Ich war mit einer Gruppe am See Genezareth unterwegs. Angesichts der ruhigen Wasseroberfläche und der geringen Größe des Sees drückten die Touristen ihre Zweifel gegenüber dem Auftreten solcher in den Evangelien beschriebenen Stürme aus. Fast im selben Moment kam ein starker Wind auf. Innerhalb von zwanzig Minuten war der See mit weiß gekrönten Wellen bedeckt. Große Wellen brachen über die Ecktürme der Stadtmauer und die Touristen mussten, obwohl sie sich jetzt circa 180 Meter vom Ufer entfernt befanden, einen Unterschlupf vor dem sichtnehmenden Sprühnebel suchen. In weniger als einer Stunde war aus dem wolkenlosen Sonnenschein ein wütender Sturm geworden. So geschah es auch gelegentlich zur Zeit Jesu und seiner Jünger."

Wie es bei so einem Fallwind zugeht, schildert uns das Markusevangelium in Kapitel 4,35-40:

> *Und am Abend desselben Tages sprach er zu ihnen: Lasst uns hinüberfahren. Und sie ließen das Volk gehen und nahmen ihn mit, wie er im Boot war, und es waren noch andere Boote bei ihm. Und es erhob sich ein großer Windwirbel und die Wellen schlugen in das Boot, sodass das Boot schon voll wurde. Und er war hinten im Boot und schlief auf einem Kissen. Und sie weckten ihn auf und sprachen zu ihm: Meister, fragst du nichts danach, dass wir umkommen? Und er stand auf und bedrohte den Wind und sprach zu dem Meer: Schweig und verstumme! Und der Wind legte sich und es entstand eine große Stille.*

Und er sprach zu ihnen: Was seid ihr so furchtsam? Habt ihr noch keinen Glauben?

Zugegeben: eine Grenzsituation, die die Jünger hier erleben. Es geht durchaus um Leben und Tod. Hohe Wellen, tiefe Wasser sind schon immer ein Bild für Bedrohung: wenn uns das Wasser bis zum Hals steht, wir ins Bodenlose versinken, in heftigen Problemen und Sorgen unterzugehen drohen. Jeder von uns hat solche Situationen schon erlebt – zu Wasser oder zu Lande. Man muss nicht in einem Boot sitzen, um zu erleben, wie das ist, wenn man Todes- und Existenzängste hat. Wenn man nicht mehr weiß, wie man noch Herr der Lage werden soll. Den Jüngern ist klar: wenn das so weiter geht, gehen sie baden. Dann gehen sie unter. Dass diese Ängste nicht unbegründet sind, beweist die Tatsache, dass die Jünger, die Jesus begleiten, ja echte, seeerprobte Seemänner beziehungsweise Fischer waren, die normalerweise diese Lage beherrschen müssten. Aber dieses Mal scheint es doch ganz besonders zu sein.

Frage an uns, die wir auf dem Trockenen sitzen: Ist es jemals schon möglich gewesen, mit Jesus unterzugehen? Ist es wirklich schon mal passiert, dass nichts passiert, wenn Jesus da ist?

Eine beeindruckende Antwort schreibt Gorch Fock, der bekannte Schriftsteller, der selbst viel zur See gefahren ist. Er schreibt aus dem Ersten Weltkrieg – da war er bei der Marine – an seine Mutter: „Jener deutsche Matrose hatte recht, der seiner Mutter schrieb: Und wenn du hören solltest, dass unser Kreuzer versunken und niemand gerettet sei – dann weine nicht! Das Meer, in das mein Leib versinkt, ist auch nur eine Pfütze in der holen Hand meines Heilandes, aus der mich nichts reißen kann." In der Tat verlor Gorch Fock sein Leben in einer Seeschlacht. Aber das wusste er sicher: „Das Meer, in das mein Leib versinkt, ist auch nur eine Pfütze in der hohlen Hand meines Heilands, aus der mich nichts reißen kann."

Wir dürfen gewiss sein: untergehen mit Jesus geht nicht. Egal, wie heftig der Wind ins Gesicht bläst! Egal, wie hoch die Wellen sind! Auch dann nicht, wenn wir den Eindruck haben, es hilft gar nichts mehr und es ist alles aus. Das Wort, das wir in Markus 4 mit „Sturm" übersetzen, kann auch für „Beben" stehen. Es beschreibt mehr als nur einen Sturm, es geht um eine handfeste Katastrophe, um Erschütterungen der Welt in ihren Grundfesten. Wenn Sie den Eindruck haben, gerade selbst in so einem gewaltigen Sturm drinzustecken, möchte ich Ihnen Mut machen mit einer Kindergeschichte: Sturm-Stina. Eine wunderschöne Erzählung von Lena Anderson[11]:

Stina ist ein kleines Mädchen, das in Norwegen auf einer kleinen Insel bei ihrem Opa Hansen die Ferien verbringt. Stina begleitet ihn beim Fischen und Netze putzen, am Strand sammelt sie Sachen, die sie findet, und ist neugierig auf alle möglichen Erfahrungen, die sich ihr bieten können. Eines Abends zieht ein Sturm auf, Stina wünscht gute Nacht und verschwindet im Zimmer. Als Opa Hansen nachschaut, ob sie auch gut schläft, ist ihr Bett leer und das Fenster steht offen. Stina hat sich weggeschlichen, weil sie den Sturm erleben will. Opa Hansen stürmt hinaus in die Nacht und sucht sie. Er findet mitten im tosenden Unwetter ein Häufchen Elend, nimmt Stina auf den Arm und bringt sie nach Hause. Trockengerubbelt bringt er ihr nun bei, wie man richtig in einen Sturm geht: „Man muss mindestens zu zweit sein, wenn ein Sturm kommt. Und man muss sich richtig anziehen“, sagt Opa Hansen und zieht seine Regenjacke an. Dann gehen sie gemeinsam in den Sturm.

Mitten im Sturm, mitten im Erdbeben ist Gott, der nach uns sucht. Der uns nach Hause bringt, ins Trockene bringt, der uns trockenrubbelt, neue Kleider anzieht, und uns so stark macht, um gemeinsam an seiner Seite den Sturm zu bezwingen. So wie diesen Opa Hansen stelle ich mir Gott vor.

Wie sagt Dietrich Bonhoeffer: „Ich glaube, dass Gott uns in jeder Notlage so viel Widerstandskraft geben will, wie wir brauchen. Aber er gibt sie nicht im Voraus, damit wir uns nicht auf uns selbst, sondern allein auf ihn verlassen. In solchem Glauben müsste alle Angst vor der Zukunft überwunden sein.“[12]

Jetzt stellt sich natürlich die Frage, warum Jesus angesichts der großen Bedrohung einfach schläft. Noch dazu auf einem Kissen? Steht das nicht ein wenig im Widerspruch zu Psalm 121,4: „Siehe, der Hüter Israels schläft und schlummert nicht.“ In der Tat, es klingt seltsam. Macht aber die Absicht des Evangelisten Markus deutlich: Jesus war ganz Mensch. Und ein Mensch hat Schlaf nötig. Und so hat Jesus wohl einen sehr tiefen Schlaf – vielleicht hat er kurz zuvor noch das Abendgebet gesprochen, Psalm 4,9: „Ich liege und schlafe ganz mit Frieden; denn allein du, Herr, hilfst mir, dass ich sicher wohne.“

Kurz darauf macht Markus aber auch deutlich, dass Jesus nicht nur vollkommen Mensch war, sondern auch vollkommen Gott ist, der die Macht hat über die Naturgewalten. Der Sturm und Wellen bedrohen und sie zum Schweigen bringen kann. Nie würde es Gott versäumen, sich um seine Kinder zu sorgen.

Nach Ende des Zweiten Weltkrieges versorgten die Alliierten viele hungrige Waisenkinder. Sie wurden in Unterkünften untergebracht, wo sie gut versorgt wurden und genug zu essen hatten. Aber trotz der guten Verpflegung schliefen die Kinder nicht gut. Sie waren immer noch nervös und ängstlich. Schließlich kam ein Psychologe auf eine Idee. Jedem Kind wurde beim Einschlafen ein Stück Brot in die Hand gegeben. Das Brot war nicht dazu da, um aufgegessen zu werden, sondern es sollte nur gehalten werden. Und es funktionierte tatsächlich: die Kinder wussten instinktiv, dass sie genug zu essen hatten und konnten besser einschlafen.

Halten wir uns an Jesus fest, an seinem Wort. Wie an so einem Stückchen Brot, damit wir instinktiv wissen: Wir kommen nicht zu kurz. Er hat uns nicht vergessen. Er geht mit uns durch den Sturm. Wir sind nicht alleine.

Bei dir komme ich zur Ruhe

Bei dir komme ich zur Ruhe, bei dir ruhe ich mich aus.
Bei dir finde ich Frieden, den die Seele braucht.
Bei dir legen sich die Wellen und der Sturm wird still,
bei dir komme ich nach Hause und zum Ziel,
bei dir komme ich nach Hause und zum Ziel.

So viel, was mich beschwert, so viel Ballast,
so viel, was mich so müde macht, so viel was den Verstand
so fest umschlingt, so viel, was mich vom Ziel abbringt.
Ich bringe alles zu dir, ich gebe alles ab von mir,
lege alles hin zu dir! Ich bringe alles her zu dir,
ich gebe alles ab von mir, lege alles hin zu dir!

So viel, was mich verzehrt, mir Kräfte raubt,
so viel, was innen drin auslaugt,
so viel, was mich bewegt und hart bedrängt,
so viel, was gnadenlos einengt!
Ich bringe alles zu dir, ich gebe alles ab von mir,
lege alles hin zu dir! Ich bringe alles her zu dir,
ich gebe alles ab von mir, lege alles hin zu dir!

So viel, was mich so weit nach unten zieht,
so viel, wo mich nur Angst umgibt,
so viel, was mich mit Macht zur Ohnmacht treibt,
so viel, wo mir nur Unmut bleibt! Ich bringe alles her zu dir,
ich gebe alles ab von mir, lege alles hin zu dir!

Text und Musik: Heiko Bräuning,
Dieser Text ist als Lied erschienen auf der CD „Himmel auf Erden".

Fünf Fragen zum Text:

1. Die Jünger haben Angst, dass sie mit Jesus untergehen. Gibt es Gründe für diese Ängste?
2. Dietrich Bonhoeffers Zitat ist herausfordernd. Warum spricht er im letzten Satz im Konjunktiv „müsste alle Angst (...) überwunden sein." und nicht „wird alle Angst (...) überwunden."?
3. Was für Assoziationen und Gedanken löst der schlafende Jesus bei Ihnen aus?
4. Fallwinde kommen am See Genezareth selten vor. An den meisten Tagen herrscht „eitler Sonnenschein". Lassen Sie uns das nun auf den Glauben übertragen. Wie wirkt sich das tagelange „ruhige Fahrwasser" auf Ihren Glauben aus?
5. Gibt es für Sie Rituale – wie das Brot der Alliierten für die Kinder –, an denen Sie sich festhalten?

Notizen:

....

....

....

....

Der Auferstandene am See Genezareth

Ort: See Genezareth
Bibelstelle: Johannes 21,1-14

Hier am See Genezareth ist es einfach nur schön. Manchmal beneide ich Jesus und seine Jünger, die hier gewohnt haben, die hier gelebt haben, gearbeitet haben, wo so viele biblische Geschichten entstanden sind, so viel Wunderbares. Manchmal bin ich auch ein bisschen traurig – ich hätte jetzt gerne meine Kinder dabei. Die würden hier Steine nehmen, die es hier am Ufer zu Tausenden gibt, und würden diese den ganzen Tag lang in den See werfen. Oder sie würden in die Wellen stürzen. Es ist einfach traumhaft hier – fast wie ein kleines Paradies. Aber es war ja nicht immer so hier am See Genezareth, am See Tiberias. Circa 40 Jahre nachdem Jesus dort am See wirkte, in der Zeit von 66 bis 70 nach Christus, tobte hier ein schrecklicher Krieg. Der Aufstand der Juden gegen die Römer. Ausgerechnet in einer Zeit, in der die ganzen Geschichten, die wir heute in der Bibel lesen können, von den Evangelisten aufgeschrieben worden sind. In jener

Zeit tobte dieser verheerende, hässliche Krieg und der jüdische Geschichtsschreiber Josephus beschreibt in seinem dritten Buch „Bellum Judaicum" von dieser römischen Eroberung der Städte am See Genezareth[13]. Ich lese Ihnen davon ein paar Zeilen:

„Viele, die sich durchzuschlagen versuchten, durchbohrten die Römer mit ihren Speeren, andere machten sie, nachdem sie auf die Nachen gesprungen waren, mit dem Schwert nieder, wieder andere umzingelten sie mit den Flößen und nahmen sie mitsamt ihren Fahrzeugen gefangen. Tauchte einer der Versunkenen wieder auf, so traf ihn bald ein Pfeil oder es überfuhr ihn ein Floß und versuchte jemand verzweifelt, ein feindliches Fahrzeug zu ersteigen, so hieben ihm die Römer den Kopf oder die Hände ab. So wütete ringsum ein schreckliches und verschiedenartiges Morden, bis endlich der Rest der Judäer sich zur Flucht wandte und, von den feindlichen Fahrzeugen umzingelt, ans Land gedrängt wurde. Auch hierbei kamen viele um, indem sie noch draußen auf dem See durchbohrt wurden oder an Land unter dem Schwert der Römer fielen. Mit Blut gefärbt und voll von Leichen war der ganze See, da nicht ein einziger Mann sein Leben gerettet hatte. Während der nächsten Tage erfüllte ein schrecklicher Gestank die ganze Gegend, die einen grässlichen Anblick darbot; denn die Ufer waren mit Schiffstrümmern bedeckt und mit aufgeschwollenen Leichen, die in der Sonnenhitze verwesten und die Luft verpesteten; was den Judäern schmerzlich, wurde so den Siegern widerlich. Das war das Ende dieses Seegefechts. Einschließlich der zuvor in der Stadt Gefallenen, hatten bei den Kämpfen 6500 Menschen ihr Leben eingebüßt."

Eine furchtbare Geschichte, eine grausame Tragödie, die sich hier in diesem wunderschönen, kleinen Paradies abspielte. Es ist so, als ob genau in dieser Zeit die Menschen Hoffnungsgeschichten brauchten. Als ob diese Menschen Geschichten hören mussten, die sie über dieses große Leid hinweg trösteten. Natürlich waren auch viele junge Christen von diesem Krieg nicht verschont geblieben, waren ermordet worden, wie die Juden. Eine solche Hoffnungsgeschichte ist die Geschichte, als Jesus als Auferstandener hier am See Tiberias seinen Jüngern begegnet. Und ich möchte Ihnen diese Hoffnungsgeschichte genau vor diesem Hintergrund erzählen. In Johannes 21,1-14 steht:

Danach offenbarte sich Jesus abermals den Jüngern am See Tiberias. Er offenbarte sich aber so: Es waren beieinander Simon Petrus und Thomas, der Zwilling genannt wird, und Nathanael aus Kana in Galiläa und die Söhne des Zebedäus und zwei andere seiner Jünger. Spricht Simon Petrus zu ihnen: Ich will fischen gehen. Sie sprechen zu ihm: So wollen wir mit dir gehen. Sie gingen hinaus und stiegen in das Boot, und in dieser Nacht fingen sie nichts. Als es aber schon Morgen war, stand Jesus am Ufer, aber die Jünger wussten nicht, dass es Jesus war. Spricht Jesus zu ihnen: Kinder, habt ihr nichts zu essen? Sie antworteten ihm: Nein. Er aber sprach zu ihnen: Werft das Netz aus zur Rechten des Bootes, so werdet ihr finden. Da warfen sie es aus und konnten's nicht mehr ziehen wegen der Menge der Fische. Da spricht der Jünger, den Jesus lieb hatte, zu Petrus: Es ist der Herr! Als Simon Petrus hörte, dass es der Herr war, gürtete er sich das Obergewand um, denn er war nackt, und warf sich ins Wasser. Die andern Jünger aber kamen mit dem Boot, denn sie waren nicht fern vom Land, nur etwa zweihundert Ellen, und zogen das Netz mit den Fischen. Als sie nun ans Land stiegen, sahen sie ein Kohlenfeuer und Fische darauf und Brot. Spricht Jesus zu ihnen: Bringt von den Fischen, die ihr jetzt gefangen habt. Simon Petrus stieg hinein und zog das Netz an Land, voll großer Fische, hundertdreiundfünfzig. Und obwohl es so viele waren, zerriss doch das Netz nicht. Spricht Jesus zu ihnen: Kommt und haltet das Mahl! Niemand aber unter den Jüngern wagte, ihn zu fragen: Wer bist du? Denn sie wussten, dass es der Herr war. Da kommt Jesus und nimmt das Brot und gibt's ihnen. Desgleichen auch die Fische. Das ist nun das dritte Mal, dass Jesus den Jüngern offenbart wurde, nachdem er von den Toten auferstanden war.

Eine Hoffnungsgeschichte mitten in dieser Tragödie, die sich damals abspielte. Mitten in dem Leid, das die Menschen durchlitten. Hoffnung soll gestiftet werden – doch auf welche Weise? Da sind Fischer, die nichts gefangen haben. Ihre Existenz steht auf dem Spiel. Noch dazu die ganzen Erfahrungen, das Leid das sie vor Tagen bei der Kreuzigung Jesu durchmachen mussten. Es klappt wieder nichts. Jetzt haben sie den Eindruck, Versager zu sein. Sie haben alles verlernt, was sie aufgegeben haben an ihrem Beruf, weil sie Jesus nachfolgten. Jetzt konnten sie nichts mehr, noch nicht einmal mehr Fische fangen. Wie soll das alles weiter gehen? Das beschäftigte sie.

Und dann sagt Jesus zu ihnen: „Jetzt geht noch einmal raus." Und dann ziehen sie ein Netz voller Fische an Land, mit 153 Fischen. Man macht sich viele Gedanken darüber, wie diese Zahl zu interpretieren sei. Die einen sagen ja, 153 Fischsorten waren damals hier im See Genezareth bekannt. Von allem kommt etwas ins Netz. Andere sagen, damals zur Zeit der Jünger waren 153 Länder und Nationen bekannt. Von allen kommt etwas ins Netz.

Es ist so, als ob uns diese Geschichte sagen will: „Bei Jesus ist für alle Platz." Für die Traurigen, für die Fröhlichen; für die, die gerade Leid und Trauer tragen und für die, die im Augenblick einfach gut drauf sind. Von allen Nationen haben sie Platz, egal welche Hautfarbe, egal welcher Rasse man angehört. Bei Jesus ist für alle Platz.

Ist das nicht ein beruhigendes Bild? Ein hoffnungsvolles Bild? Auch die Jünger, die sich gerade als Versager fühlen, die nicht wissen, wie mit all dem Leid umzugehen ist, auch sie haben einen Platz. Ein wunderschönes Bild, ein hoffnungsvolles Bild. Wir alle haben Platz bei Jesus. Egal, ob wir gut hören oder nicht hören können. Egal, ob wir krank sind oder gesund. Egal, ob wir im Rollstuhl sitzen, ans Krankenbett gefesselt sind. Wir alle haben Platz bei Jesus.

Und wir alle hören bei Jesus, wie die Jünger damals, diese eine Frage: „Kinder, habt ihr nichts zu essen?"

Kinder, habt ihr Hunger? Was für eine fürsorgliche Frage. Wie geht es euch? Woran leidet ihr im Augenblick? Sagt es mir, damit ich euch helfen kann. Jedes Kind Gottes darf täglich mit dieser Frage von Gott rechnen und leben und darauf antworten. „Kind, nach was hungert dich gerade? Nach was dürstet dich ganz tief drinnen? Ich möchte dir so gerne helfen. Bitte wende dich vertrauensvoll an mich. Ich sorge für dich."

Ich möchte Sie heute einladen. Kommen Sie zu Jesus. Sagen Sie ihm, unter was Sie leiden. Was ihre persönliche Not im Augenblick ist und erfahren Sie diese Hoffnung am eigenen Leib, an der eigenen Persönlichkeit. Jesus wird Ihnen die nächsten Schritte klar machen. Jesus wird Ihnen Kraft geben. Jesus wird Ihnen zu essen geben – wie damals köstliches Brot, köstlichen Fisch. Jesus selbst teilt aus. Was für eine Hoffnungsgeschichte. Mitten in dem Leid darf jeder wissen, bei Jesus hat er Platz, bei Jesus ist er willkommen. Und bei Jesus darf er wissen, ich werde hier versorgt. Man kümmert sich um mich, man lässt mich nicht im Stich.

Das ist die letzte Geschichte, die hier am See Genezareth passiert ist, die wir überliefert bekommen haben. Es ist das Letzte, was man uns mit auf den Weg gibt. Vielleicht ist es das Erste, was Sie heute hören. Nehmen Sie diese Hoffnung für sich mit. Sie persönlich haben einen Platz bei Jesus und dieser Jesus stellt auch Ihnen die Frage: „Kind, hast du Hunger? Was kann ich dir Gutes tun?"

Geh auf deinem Weg getrost

Geh auf deinem Weg
getrost und ohne Sorgen,
geh mit Gottes Segen,
geh ihn mutig voran.
Geh an seiner Hand,
du bist bei ihm geborgen,
geh mit Gottes Segen,
geh ihn mutig voran.
Geh mit Gottes Segen voran.

Er kennt deinen Weg und er kennt auch dein Morgen,
er wird einzigartig täglich für dich sorgen.
Er kennt deine Grenzen und er wird dich tragen,
auch wenn Du und Deine Kräfte auf dem Weg versagen.

Er wird deine wunden Punkte ganz behutsam heilen
und er wird in jeder Not dir zur Hilfe eilen.
Er kennt all die Stunden, wo du schier verzweifelst.
Er zeigt seine Liebe, die du an ihm bezweifelst.

Er kennt die Gedanken, die sonst keiner von dir kennt,
er steht auch noch dann zu dir, wenn alles um dich brennt.
Er fühlt mit dir, wenn dich plötzlich all dein Mut verlässt,
seine Hand gibt immer, was du brauchst und hält dich fest.

Dieser Text ist als Lied erschienen auf der CD „Du lädst uns heute ein".

Fünf Fragen zum Text:

1. „Kinder, habt ihr nichts zu essen?“ – Warum stellt Jesus diese Frage?
2. Jesus fordert die verzagten und frustrierten Jünger auf, das Netz noch einmal auszuwerfen. Kennen Sie ähnliche Situationen und Aufforderungen Jesu in Bezug auf Ihren Alltag?
3. 153 Fische im Netz. Von allen etwas! Was bedeutet das für Ihre Gemeinde vor Ort?
4. Ein Netz könnte negative Assoziationen hervorrufen. Gibt es auch Positives, was Sie mit einem „Netz“ verbinden?
5. Auf welche Weise wird diese Geschichte des Auferstandenen am See Tiberias für Sie persönlich zu einer Hoffnungsgeschichte? Wodurch lassen Sie sich darin heute konkret ermutigen?

Notizen:

....

....

....

....

....

Sorgt euch nicht!

Ort: Berg der Seligpreisungen
Bibelstelle: Matthäus 6, 25-34

Auf dem Berg der Seligpreisungen hat Jesus seine wohl bekannteste Predigt gehalten. Hier oben hat man einen guten Ausblick. Hier ist man dem Alltag schon ein wenig entrückt. War Jesus damals vielleicht etwas abgehoben, als er hier oben zu Menschen gesprochen hat? Als er ausgerechnet die Armen, die Trauernden, die nach Gerechtigkeit Hungernden, die Verfolgten und Ausgegrenzten beglückwünscht hat. Glücklich seid ihr, selig seid ihr, die ihr es schwer habt im Leben. Die ihr zu kämpfen habt, ihr seid dem Reich Gottes ganz nah.

Matthäus 6,25-34:

Darum sage ich euch: Sorgt nicht um euer Leben, was ihr essen und trinken werdet; auch nicht um euren Leib, was ihr anziehen werdet. Ist nicht das Leben mehr als die Nahrung und der Leib mehr als die Kleidung?

Seht die Vögel unter dem Himmel an: sie säen nicht, sie ernten nicht, sie sammeln nicht in die Scheunen; und euer himmlischer

Vater ernährt sie doch. Seid ihr denn nicht viel mehr als sie? Wer ist unter euch, der seines Lebens Länge eine Spanne zusetzen könnte, wie sehr er sich auch darum sorgt? Und warum sorgt ihr euch um die Kleidung? Schaut die Lilien auf dem Feld an, wie sie wachsen: sie arbeiten nicht, auch spinnen sie nicht. Ich sage euch, dass auch Salomo in aller seiner Herrlichkeit nicht gekleidet gewesen ist wie eine von ihnen. Wenn nun Gott das Gras auf dem Feld so kleidet, das doch heute steht und morgen in den Ofen geworfen wird: sollte er das nicht viel mehr für euch tun, ihr Kleingläubigen? Darum sollt ihr nicht sorgen und sagen: Was werden wir essen? Was werden wir trinken? Womit werden wir uns kleiden? Nach dem allen trachten die Heiden. Denn euer himmlischer Vater weiß, dass ihr all dessen bedürft. Trachtet zuerst nach dem Reich Gottes und nach seiner Gerechtigkeit, so wird euch das alles zufallen.

Was werden seine Zuhörer wohl gedacht haben über diese Vergleiche? Denkt an die Blumen und macht euch keine Sorgen. Lassen sich Blumen und Menschen wirklich so einfach miteinander vergleichen?

Sorgen machen ist nun mal zutiefst menschlich. Wir sorgen uns um die Familie, die Gesundheit, den Arbeitsplatz, ums Geld, um die Zukunft.

Das Sorgen steckt fest in uns drin. Wir können es nicht einfach ablegen oder uns abtrainieren. Und Sorgen entfalten ihre eigene Dynamik. Je mehr man sich mit ihnen beschäftigt, umso schneller vermehren sie sich. Bis am Ende ein ganzer Sorgenberg dasteht, so hoch wie der Berg, auf dem ich hier stehe. Macht euch keine Sorgen. Denkt an die Blumen auf der Wiese. Wenn ich darüber nachdenke, fällt mir meine Kindheit ein. Das war eine Zeit der Sorglosigkeit, weil ich wusste, meine Eltern sorgen für mich. Wenn ich etwas brauchte, dann waren sie da. Die Sorgen hatten meine Eltern. Sie haben dafür gesorgt, dass ich satt wurde, Kleidung hatte, die Wohnung warm war und so weiter. Das war Sicherheit, das war Versorgung pur. Ist es das, was Jesus sagen will? Gott ist so fürsorglich wie ein Vater. Oder besser gesagt, Gott ist wie ein Gärtner, der sich um jede Pflanze, jede Blume, die in seinem Garten steht, ganz persönlich kümmert.

Ob groß und prächtig, ob eher klein oder mit spitzen Stacheln, ob mit oder ohne Blüten, ob farbenfroh oder eher unscheinbar. Das spielt keine Rolle.

Für jede seiner Blumen – für jede seiner Pflanzen – hat Gott einen Platz in seinem Garten und er kümmert sich persönlich darum. Jesus sagt es durch die Blume: Du bist mir wichtig. Ich habe dich im Auge. Ich sorge für dich. „Sag es durch die Blume!" Mit Blumen bringen ja auch wir unsere Gedanken und Gefühle zur Sprache, die nicht so leicht in Worte zu fassen sind.

Durch Blumen lassen sich Nachrichten überbringen. Ihr Duft löst Emotionen aus, sie wecken die Lebensfreude und führen uns die Schönheit der Schöpfung vor Augen. Ihre Farben stehen für das Schöne und Gute, das wir in unserem Leben erfahren. Die Blumen auf den Wiesen und in den Gärten sind ein Hinweis auf den Reichtum des Lebens und der ganzen Schöpfung. Und es heißt sogar, dass der

Mensch nur durch das Anschauen einer Blume, den Schöpfer erahnen kann. Jesus sagt es durch die Blume: sei unbesorgt, der Schöpfer sorgt auch für dich.

Denkt an die Blumen auf dem Feld. Das ist so etwas wie eine Aufforderung, eine Einladung zu einem Leben, dass trotz aller Schwierigkeiten und Sorgen, die es nun mal mit sich bringt, von einer heiteren und getrosten Gelassenheit geprägt sein kann. Gerhard Tersteegen hat es einmal so ausgedrückt: „Du durchdringest alles; lass dein schönstes Lichte, Herr, berühren mein Gesichte. Wie die zarten Blumen willig sich entfalten und der Sonne stille halten, lass mich so still und froh deine Strahlen fassen und dich wirken lassen." Schöner kann man es kaum sagen.

Und was geschieht, wenn wir diese Sonnenstrahlen Gottes so wie eine Blume in uns aufnehmen? Ich kann aufatmen, wieder aufblühen.

In einer Klosterkirche habe ich eine Inschrift entdeckt. Eine Hinterlassenschaft der Mönche, die dort früher einmal gemeinsam gelebt und gearbeitet haben. Mir kommt es so vor, als hätten sie den Geist der Bergpredigt auf ihre eigene Art und Weise verstanden und in ihren Alltag übersetzt. Für mich ist das so etwas wie ein Weg, eine Anleitung zum Glücklichsein, ein Anti-Sorgenprogramm[14].

Selig sind die, die über sich selbst lachen können;
sie werden immer genug Unterhaltung finden.
Selig sind die, die einen Berg von einem Maulwurfhügel unterscheiden können;
sie werden sich viel Ärger ersparen.

Selig sind die, die fähig sind, sich auszuruhen
und zu schlafen,
ohne dafür Entschuldigungen zu suchen;
sie werden weise werden.
Selig sind die, die intelligent genug sind,
sich selbst nicht ernst zu nehmen;
sie werden von ihren Mitmenschen
geschätzt werden.
Selig sind die, die aufmerksam sind für die
Winke der anderen,
ohne sich für unersetzlich zu halten, sie werden
viel Freude sähen.
Selig sind die, die lächeln können und kein
böses Gesicht machen;
ihre Wege werden sonnenbeschienen sein.
Selig sind die, die es verstehen, die kleinen
Dinge ernst
und die ernsten Dinge gelassen anzusehen;
sie werden im Leben sehr weit kommen.
Selig sind die, die denken, bevor sie handeln,
und beten, ehe sie denken,
sie werden eine Menge Dummheiten vermeiden.
Selig die, die lächeln und schweigen können
auch wenn man ihnen das Wort abschneidet
oder auf die Zehen tritt;
sie sind dem Geist des Evangeliums sehr nahe.
Selig die, die den Herrn in allen Wesen erkennen
und lieben;
sie werden Licht und Güte und Freude
ausstrahlen.

Jeden Tag so zu leben

Jeden Tag so zu leben,
als würde es nur diesen geben,
diese Stunde, diesen Augenblick.
Weniger an gestern kleben,
weniger nach morgen streben
nur im Hier und Heute
begegnet dir das Glück.

Leben ist ein Geschenk – pack es aus.
Leben ist eine Herausforderung – nimm sie an.
Leben ist eine Chance – nutze sie.
Leben ist ein Abenteuer – wage es.

Leben heißt Enttäuschung – gib nicht auf.
Leben heißt Kummer – überwinde ihn.
Leben heißt Abschied – lass doch los.
Leben heißt Schmerz – lass ihn zu.

Leben braucht Hoffnung – gib sie nicht auf.
Leben braucht Glauben – verliere ihn nicht.
Leben braucht Vertrauen – wirf es nicht weg.
Leben braucht Liebe – gib sie weiter.

Leben ist jetzt – lass es nicht warten.
Leben ist heute – vertage es nicht.
Leben ist kurz – genieße.
Leben ist kostbar – zerstöre es nicht.

Text und Musik: Reinhard Börner, © cap-music, 72221 Haiterbach-Beihingen.
Dieser Text ist als Lied erschienen auf der CD „Jeden Tag so zu leben".

Fünf Fragen zum Text:

1. Die Bergpredigt wird oft als das Herzstück des Neuen Testamentes bezeichnet. Welche Bedeutung hat diese Predigt für Sie persönlich?
2. Jesus ermutigt seine Zuhörer, sich keine Sorgen zu machen. Ist das nicht leichter gesagt als getan? Kann man sich das Sorgen machen abgewöhnen?
3. Jesus vergleicht die Menschen mit den Blumen auf der Wiese und den Vögeln unter dem Himmel. Aber sind wir Menschen nicht wesentlich komplizierter als Pflanzen und Tiere? Und sind unsere Bedürfnisse nicht vielschichtiger?
4. Wie gehen Sie persönlich mit Sorgen um?
5. Wie begründet es Jesus, dass es keinen Sinn macht, sich zu sorgen?

Notizen:

Klagen

Ort: An der Klagemauer
Bibelstelle: Psalm 30

Ein Psalm Davids, ein Lied zur Einweihung des Tempels. Ich preise dich, Herr; denn du hast mich aus der Tiefe gezogen und lässest meine Feinde sich nicht über mich freuen. Herr, mein Gott, als ich schrie zu dir, da machtest du mich gesund. Herr, du hast mich von den Toten heraufgeholt; du hast mich am Leben erhalten, aber sie mussten in die Grube fahren.

Lobsinget dem Herrn, ihr seine Heiligen, und preiset seinen heiligen Namen! Denn sein Zorn währet einen Augenblick und lebenslang seine Gnade. Den Abend lang währet das Weinen, aber des Morgens ist Freude. Ich aber sprach, als es mir gut ging: Ich werde nimmermehr wanken. Denn, Herrn, durch dein Wohlgefallen hattest du mich auf einen hohen Fels gestellt. Aber als du dein Antlitz verbargest, erschrak ich.

Zu dir, Herr, rief ich, und zum Herrn flehte ich: Was nützt dir mein Blut, wenn ich zur

Grube fahre? Wird dir auch der Staub danken und deine Treue verkündigen? Herr, höre und sei mir gnädig! Herr, sei mein Helfer!

Du hast mir meine Klage verwandelt in einen Reigen, du hast mir den Sack der Trauer ausgezogen und mich mit Freude gegürtet, dass ich dir lobsinge und nicht stille werde. Herr, mein Gott, ich will dir danken in Ewigkeit.

Die Klagemauer in Jerusalem ist alles, was stehen geblieben ist, nachdem die Römer den Tempel im Jahre 70 nach Christus, dem Erdboden gleichgemacht haben. Eine Mauer, 48 Meter lang und 18 Meter hoch. Hier stand ein prächtiges Bauwerk, dass einmal zur Ehre Gottes eingeweiht wurde.

Bis heute besuchen viele Menschen diese Mauer, um zu beten. Was haben diese Steine wohl alles gehört an Bitten, Enttäuschungen, Hoffnungen, Klagen? Viele stecken aufgeschriebene Gebete in die Ritzen und Spalten. Gebetszettel, Briefe an Gott.

Eigentlich möchte ich Gott ja auch mal einen Brief schreiben. Haben Sie auch schon mal daran gedacht, Gott zu schreiben?

Was würde da wohl stehen, in einem Brief an Gott? Wäre es ein Dankesschreiben für alles Gute, das er im Leben gegeben hat, ein Loblied? Oder wäre es eher ein Denkzettel, ein Klagelied? Vielleicht so, wie Stephan Sulke[15] es einmal gesungen hat. „Du lieber Gott, komm doch mal runter und schau dir die Bescherung selber an und ich schwör dir, dass man hier verzweifeln kann.“ Und wenn ich Gott einen Brief schreiben würde, käme der bei ihm an und würde Gott ihn auch lesen? Hätte er überhaupt

Zeit, sich um meine Angelegenheiten zu kümmern? Oder würden meine Klagen bei ihm abprallen, wie an einer Mauer? Und was bedeutet es überhaupt, zu klagen?

Es gibt den ironischen Satz, es würde oft auf hohem Niveau gejammert. Wenn das Essen nicht schmeckt, wenn es im Supermarkt an der Kasse zu lange dauert, wenn ich mir nicht alles leisten kann, was ich gerne hätte, wenn mir das Leben ungerecht vorkommt und so weiter. Aber wer wirklich Grund zum Klagen hat, der darf auch klagen. Besonders dann, wenn sein normales, bisheriges Leben zerstört wird, so wie dieser Tempel, der hier gestanden hat.

Wenn sich Träume und Hoffnungen zerschlagen, wenn kaputt geht, was so mühevoll aufgebaut wurde. Und wer sich dann ausklagen möchte, der will ja nicht gegen eine Wand reden. Dann braucht es ein Gegenüber, jemanden, der sich nicht hinter einer Mauer versteckt. Jemanden, der zuhört, der versteht, was ich zu beklagen habe. Jemanden, der nicht dramatisiert und damit alles noch schlimmer macht. Und der auch nicht bagatellisiert und zu schnell vertröstet: „Das ist doch nicht so schlimm, das wird schon wieder."

Beim Klagen braucht es jemanden, der zuhört. Der hilft, neu zu sortieren. Der hilft, wieder neu zusammenzusetzen, was zerbrochen ist. Der vielleicht auch etwas Aufbauendes sagen kann. Klagen, das ist wie Entrümpeln, wie Aufräumen, den Sperrmüll der Seele entsorgen. Das tut gut und schafft erst den Raum, um sich wieder neu einzurichten.

Klagen bringen uns in Berührung mit uns selbst und auch mit Gott.

Johannes Hansen[16] sagt es so: „Dein Wort in Gottes Ohr, Menschenbruder, wenn du Schuld hinausschreist, wenn du Sorge in Worte fasst, wenn du Angst mit Namen nennst. Dein Wort in Gottes Ohr, Menschenbruder, wenn du keine Worte findest, wenn du Tränen nach innen weinst, wenn dich keiner versteht. Dein Wort in Gottes Ohr, Menschenbruder, denn, er hat Ohren für Schreie aus der Tiefe, er hat Sinne für Klagen ohne Stimme, er spricht Verzweifelte für immer los und es ist viel Gnade und Erlösung bei ihm."

König David, der hier von Jerusalem aus das Land regiert hat, war jemand, der sich bei Gott immer wieder ausgeklagt hat. Und er sagt: Gott hat mein Klagelied in einen Freudentanz verwandelt. Er hat mich wieder in Bewegung gebracht, wo ich resigniert war, wie gelähmt.

Und vermutlich hat David dieselbe Erfahrung gemacht, die folgende Aussage, die manchmal Augustinus zugeschrieben wird, widerspiegelt: „Ich lobe den Tanz, denn er befreit den Menschen von der Schwere der Dinge und bindet den Einzelnen zur Gemeinschaft. – Ich lobe den Tanz, denn er beschwingt den Geist und verleiht der Seele Flügel."

Ich denke dabei immer an ein Gespräch, in dem mir eine Frau erzählt hat, wie sie ihren Ehepartner auf tragische Weise verloren hat. An diesem Tag ist in ihrem Leben sehr viel kaputt gegangen. Und sie hatte wirklich Grund zur Klage. Und sie durchlebte eine sehr schwierige Zeit. Irgendwann hat sie dann angefangen, ihre Emotionen in Bewegungen umzusetzen. Die Trauer, den Schmerz durch Choreografien auszudrücken. Durch das Tanzen, so sagt sie, habe dann langsam ihr Heilungsprozess begonnen.

Und in vielen Seminaren und Workshops teilt sie diese Erfahrung mit anderen Tänzern. Du hast mein Klagelied in einen Freudentanz verwandelt. Hier wird es konkret. Und David sagt an anderer Stelle sogar (vgl. Psalm 18,30): „Mit meinem Gott, der mich wieder in Bewegung gebracht hat, mit diesem Gott kann ich sogar über Mauern springen." Auch über Klagemauern.

Mit meinem Gott kann ich über Mauern springen. Ich weiß nicht, vor welcher Mauer, vor welchem Problem Sie vielleicht gerade in Ihrem Leben stehen. Was Sie zurzeit bedrückt. Aber ich wünsche Ihnen und mir immer wieder, dass wir diese Erfahrung machen, dass Trauer sich in Freude verwandeln kann und dass ihm keine Mauer zu hoch ist, dass mit seiner Hilfe nichts unmöglich ist.

Alles ist möglich

An manchen Tagen, da kann ich nicht singen,
kein Text und kein Ton fall'n mir ein.
Ich fühle die Freude in mir zerrinnen,
dabei könnt ich doch glücklich sein.

Denn alles ist möglich dem, der dir glaubt,
der dir sein Leben ganz anvertraut.
Nichts ist unmöglich dem, der zuletzt
durch deine Kraft selbst Berge versetzt.

An manchen Tagen kann ich nicht hoffen,
weil vieles so sinnlos erscheint.
Ich sehe, die Zukunft vor mir ist offen
und ich bin ohnmächtig und klein.

Doch alles ist möglich dem, der dir glaubt,
der dir sein Leben ganz anvertraut.
Nichts ist unmöglich dem, der zuletzt
durch deine Kraft selbst Berge versetzt.

An manchen Tagen, da möchte ich singen
und handeln und hoffen zugleich.
Ich fühl eine Quelle in mir entspringen
und dann bin ich unendlich reich.

Dann weiß ich, alles ist möglich dem, der dir glaubt,
der dir sein Leben ganz anvertraut.
Nichts ist unmöglich dem, der zuletzt
durch deine Kraft selbst Berge versetzt.

Dieser Text ist als Lied erschienen auf der CD „Jeden Tag so zu leben" und auf der CD-Card „Jeden Tag so zu leben".

Fünf Fragen zum Text:

1. Was würden Sie Gott gerne einmal sagen, wenn Sie ihm einen Brief schreiben könnten?
2. Warum ist es oft naheliegender, über Defizite zu klagen, als Dankbarkeit für das Positive im Leben zu empfinden?
3. Haben Sie persönlich die Erfahrung gemacht, dass sich Trauer in Freude verwandeln kann?
4. Welche Mauern und Hindernisse in Ihrem Leben würden Sie gerne überwinden?
5. Entspricht es Ihrer persönlichen Erfahrung, dass es mit Gottes Hilfe möglich ist, „über Mauern zu springen“?

Notizen:

Track 11

KAPITEL 11

Die Versuchung Jesu

Ort: Wüste
Bibelstelle: Matthäus 4,1-11

Matthäus 4,1-11:

> *Da wurde Jesus vom Geist in die Wüste geführt, damit er von dem Teufel versucht würde. Und da er vierzig Tage und vierzig Nächte gefastet hatte, hungerte ihn. Und der Versucher trat zu ihm und sprach: Bist du Gottes Sohn, so sprich, dass diese Steine Brot werden. Er aber antwortete und sprach: Es steht geschrieben (5. Mose 8,3):* „Der Mensch lebt nicht vom Brot allein, sondern von einem jeden Wort, das aus dem Mund Gottes geht.“ *Da führte ihn der Teufel mit sich in die heilige Stadt und stellte ihn auf die Zinne des Tempels und sprach zu ihm: Bist du Gottes Sohn, so wirf dich hinab; denn es steht geschrieben (Psalm 91,11-12): „Er wird seinen Engeln deinetwegen Befehl geben; und sie werden dich auf den Händen tragen, damit du deinen Fuß nicht an einen Stein stößt.“ Da sprach Jesus zu ihm: Wiederum steht auch geschrieben (5.*

> *Mose 6,16):* „Du sollst den Herrn, deinen Gott, nicht versuchen." *Darauf führte ihn der Teufel mit sich auf einen sehr hohen Berg und zeigte ihm alle Reiche der Welt und ihre Herrlichkeit und sprach zu ihm: Das alles will ich dir geben, wenn du niederfällst und mich anbetest. Da sprach Jesus zu ihm: Weg mit dir, Satan! Denn es steht geschrieben (5. Mose 6,13):* „Du sollst anbeten den Herrn, deinen Gott, und ihm allein dienen." *Da verließ ihn der Teufel. Und siehe, da traten Engel zu ihm und dienten ihm.*

Es ist sehr einsam hier, Steine und Sand. Viel mehr gibt es hier nicht.

Es ist erstaunlich, wie viel Wüste es in Israel gibt. Es ist ja immerhin das Land, in dem Milch und Honig fließen.

40 Jahre lang ist das Volk Israel durch die Wüste gezogen, um endlich das Gelobte Land zu erreichen. Eine lange Durststrecke war das. Jesus ist immerhin 40 Tage hier gewesen. Mir reichen vermutlich vier Stunden völlig aus, um mich dann wieder aus dem Staub zu machen.

Wüstenzeiten, Durststrecken. Wer kennt die eigentlich nicht?

Wir suchen uns unsere Durststrecken ja nicht selbst aus. In die Wüste wird man geschickt, heißt es doch. So wie auch Jesus vom Geist hierher geschickt wurde. Warum war das wohl nötig? Warum wurde Jesus in die Wüst geschickt? Es gibt ja wirklich angenehmere Orte.

Ein Sprichwort der Beduinen sagt: Die Wege zur Weisheit führen durch die Wüste.

Die Juden behaupten sogar: „Den wahren Geschmack des Wassers erkennt man erst in der Wüste.“ Heißt das vielleicht, dass es Erfahrungen gibt, die ich am besten in der Wüste machen kann? Oder nur hier machen kann?

Jedenfalls berichten das Menschen, die längere Zeit in der Wüste waren immer wieder, dass sie hier wichtige Erfahrungen gemacht haben. Die Wüste stellt den Menschen auf die Probe. Der Durst, die Hitze am Tag und in der Nacht bittere Kälte und einen Sternenhimmel, wie es ihn wohl nur hier gibt. Einsamkeit und Stille. Hier wird der Mensch mit sich selbst konfrontiert. Die Ablenkungen und Fluchtwege funktionieren nicht mehr.

Dieser Reizentzug sorgt dafür, dass das Kopfkino in Gang kommt. Bilder, Gefühle, Gedanken, Fragen, die sonst vom normalen Alltag verschüttet werden, die kommen hier zum Vorschein. Da kann die Stille plötzlich sehr laut werden. Und manchmal sieht man hier auch Dinge, die gar nicht real sind. Luftspiegelungen, Trugbilder. Da ist es manchmal schwer zu unterscheiden: Was ist Fantasie, Einbildung, Hirngespinst, Fata Morgana – und was ist Realität? Worauf kann ich mich verlassen, was trägt mich und was ist nur Illusion.

Was hat Jesus hier wohl erlebt? War es eine Probezeit, um sich darüber klar zu werden, wie sein Weg weitergehen sollte?

Vielleicht hat er sich gefragt: Will ich wirklich den Weg der Nachfolge gehen? Wirklich Gottes Spuren folgen oder doch lieber eigene Wege suchen? Mich selbst verwirklichen? Will ich wirklich vom Reich Gottes erzählen? Oder möchte ich mir mir lieber mein eigenes kleines Reich aufbauen, in dem ich das Sagen habe? Will ich mich wirklich abhängig machen vom Vater im Himmel, vom Brot des Lebens? Oder ist es besser, mich selbst zu versorgen? Mein eigenes Brot zu backen? Will ich wirklich von Gottes Liebe erzählen? Oder geht es da mehr um Selbstliebe, um die eigene Karriere? Wird mir nicht manches entgehen?

Das waren wohl die Fragen, die ihm hier in der Wüste begegnet sind.

Ich frage mich, wie viele Menschen, wie viele Karawanen schon durch diese Wüste gezogen sind und ihre Fußabdrücke im Sand hinterlassen haben. Der Wüstenwind hat alle Spuren sehr schnell verwischt. Es ist schwierig, in der Wüste dauerhaft Spuren zu hinterlassen. Vielleicht ist es in diesem Fall ja umgekehrt. Vermutlich hinterlässt die Wüste Spuren in demjenigen, der sich hier längere Zeit aufhält. Wer eine Durststrecke erlebt, der verändert sich. Der macht vielleicht sehr schwierige, aber auch entscheidende und prägende Erfahrungen.

Die Wüste ist doch ein gutes Bild, ein Gleichnis, das viel mit dem Leben zu tun hat. Wie oft erleben wir Einsamkeit, innere Leere, Durst nach Leben, suchen nach einer Quelle, aus der wir Kraft schöpfen können, einer Oase, um aufzutanken.

Das Leben hinterlässt seine Spuren in jedem von uns.

Es ist gut, zu wissen, dass ich die Wüstenzeiten und die Durststrecken im Leben nicht alleine bewältigen muss. Es gibt Menschen, die mit mir unterwegs sind. Die mich begleiten, die mir helfen, wenn ich im Sand stecken geblieben bin. Mir ist das selber passiert. Ich bin mit dem Auto im Sand stecken geblieben. Da ging nichts mehr. Wie froh war ich, als da Menschen aufgetaucht sind, die mir geholfen haben, die die Karre mit mir aus dem Dreck gezogen haben.

Manchmal frage ich natürlich auch: wo sind eigentlich Gottes Spuren in meinem Leben? Manchmal kann ich sie nicht so richtig sehen. Frage mich: Gott, wo bist du eigentlich gewesen, als es mir schlecht ging, als ich in Wüstennot war?

In solche Zeiten hilft mir dann diese kleine Geschichte:

Spuren im Sand

Eines Nachts hatte ich einen Traum:
Ich ging am Meer entlang mit meinem Herrn.
Vor dem dunklen Nachthimmel
erstrahlten, Streiflichtern gleich,
Bilder aus meinem Leben.
Und jedes Mal sah ich zwei Fußspuren im Sand,
meine eigene und die meines Herrn.

Als das letzte Bild an meinen Augen
vorübergezogen war, blickte ich zurück.
Ich erschrak, als ich entdeckte,
dass an vielen Stellen meines Lebensweges
nur eine Spur zu sehen war.
Und das waren gerade die schwersten
Zeiten meines Lebens.

Besorgt fragte ich den Herrn:
„Herr, als ich anfing, dir nachzufolgen,
da hast du mir versprochen,
auf allen Wegen bei mir zu sein.
Aber jetzt entdecke ich,

dass in den schwersten Zeiten meines Lebens
nur eine Spur im Sand zu sehen ist.
Warum hast du mich allein gelassen,
als ich dich am meisten brauchte?“

Da antwortete er: „Mein liebes Kind,
ich liebe dich und werde dich nie allein lassen,
erst recht nicht in Nöten und Schwierigkeiten.
Dort, wo du nur eine Spur gesehen hast,
da habe ich dich getragen.“

Margaret Fishback Powers[17]

Erst in der Nacht kann ich die Sterne sehen

Erst in der Nacht kann ich die Sterne sehen,
entdecke jedes noch so ferne Licht,
manchmal muss ich durch Dunkelheiten gehen,
erkenne sonst den Hoffnungsschimmer nicht.

Erst in der Wüste suche ich die Quelle,
den Weg, der mich bis zur Oase führt,
wer satt ist, tritt nur immer auf der Stelle,
weil er den Durst nach Leben nicht mehr spürt.

Erst in der Stille kann ich wirklich hören
und wenn ich schweige, lerne ich versteh'n,
wenn viele laute Worte mich betören,
wird jede leise Stimme untergeh'n.

Erst in Verzweiflung lerne ich Vertrauen
und greife nach der Hand, die helfen kann,
will wieder fest auf Gottes Worte bauen,
wie oft hat er schon Türen aufgetan.

Dieser Text ist als Lied erschienen auf der CD „Jeden Tag so zu leben".

Fünf Fragen zum Text:

1. Warum wurde Jesus vom Geist in die Wüste geführt? Wären eine Oase oder ein Garten nicht geeigneter gewesen, um Kraft zu tanken für den Weg, der vor ihm lag?
2. An welchen „menschlichen Schwachpunkten“ hat Satan angesetzt, als er Jesus versucht hat?
3. Gab oder gibt es persönliche Durststrecken und Wüstenzeiten in Ihrem Leben?
4. Hatten Sie besonders auf schwierigen Wegstrecken den Eindruck, von Gott getragen zu werden?
5. Was wäre wohl geschehen, wenn Jesus den Versuchungen nachgegeben hätte?

Notizen:

....

....

....

....

....

....

....

Track 12

KAPITEL 12

Die Stiftshütte

Ort: Wüste / Stiftshütte
Bibelstelle: Hebräer 9,2-7; 11-15

Im Timna Park, ein Nationalpark in Israel am Rande der Negev-Wüste, in der Nähe des Roten Meeres, steht das Eins-zu-eins--Modell der Stiftshütte, das Mitarbeitende des Bibel-Center Breckerfeld[18] nachgebaut haben. Die Stiftshütte, das Liebes- und Lebenszeichen Gottes für sein Volk, die Israeliten. Wie kam es dazu?

Die Israeliten hatten Ägypten verlassen und waren unter der Leitung von Mose viele hunderte Kilometer gelaufen. Unterwegs gab es immer wieder schwere Krisenzeiten. Irgendwann hatte Gott das ganze Murren einfach satt. Und er wollte sich zurückziehen. Dann gab es Verhandlungen und dann entschied er sich anders. Er wollte Wohnung nehmen bei den Menschen, wollte bei ihnen sein, wollte mit ihnen ziehen. Deshalb schenkte er ihnen dieses Liebes-, dieses Lebenszeichen, die Stiftshütte.

Ein Liebeszeichen, ein Lebenszeichen habe ich von meiner Familie mitbekommen. Bevor wir uns hier auf diese Reise gemacht haben, haben meine Kinder und meine Frau mir Liebeszeichen in den

Koffer geschmuggelt. Lauter kleine Herzen mit guten, wohltuenden Botschaften darauf. „Papa, vergiss uns nicht!“, „Wir denken an dich!“, „Wir haben dich lieb!“ usw. Wie gut tun solche Liebes-, solche Lebenszeichen, wenn man unterwegs ist.

Die Stiftshütte ist das Liebes- und Lebenszeichen Gottes für die Menschen. Ich weiß nicht, ob es die Israeliten damals auch so verstanden haben, denn der Kult in der Stiftshütte, der war schon ziemlich heftig. Die ganzen Gebote und Gesetze, wie man sich dort im Heiligtum zu verhalten hatte, das war ganz schön massiv. Ob es also täglich als gutes Liebes- und Lebenszeichen Gottes verstanden wurde, ich weiß es nicht. Ich möchte Ihnen ein paar Verse aus dem Hebräerbrief vorlesen, wo diese Stiftshütte beschrieben wird. In Hebräer 9,2-7 steht:

> *Denn es war da aufgerichtet die Stiftshütte: der vordere Teil, worin der Leuchter war und der Tisch und die Schaubrote, und er heißt das Heilige; hinter dem zweiten Vorhang aber war der Teil der Stiftshütte, der das Allerheiligste heißt. Darin waren das goldene Räuchergefäß und die Bundeslade, ganz mit Gold überzogen; in ihr waren der goldene Krug mit dem Himmelsbrot und der Stab Aarons, der gegrünt hatte, und die Tafeln des Bundes. Oben darüber aber waren die Cherubim der Herrlichkeit, die überschatteten den Gnadenthron. Von diesen Dingen ist jetzt nicht im Einzelnen zu reden. Da dies alles so eingerichtet war, gingen die Priester allezeit in den vorderen Teil der Stiftshütte und richteten den Gottesdienst aus. In den andern Teil aber*

ging nur „einmal“ im Jahr allein der Hohepriester, und das nicht ohne Blut, das er opferte für die unwissentlich begangenen Sünden, die eigenen und die des Volkes.

Schauen wir uns das Innerste ein wenig an, der Herzschlag dieses Liebes- und Lebenszeichens. Da ist zunächst einmal die Bundeslade, da ist als Liebes- und Lebenszeichen die Wegweisung drin. Ein Gott gibt den Israeliten Worte mit auf den Weg, nach denen es unterwegs gut gehen kann, mit denen sie im Frieden ziehen können. Im Shalom, sodass nicht Krieg entsteht, sodass nicht einer den Eindruck hat, er kommt zu kurz. Frieden, das meint und das will Gott für uns als Gemeinschaft, dass jeder auf seine Kosten kommt. Das ist gar nicht so leicht, wenn man unterwegs ist, wenn man in der Gemeinschaft zusammen auf dem Weg ist. Gott gibt eine Wegweisung, sodass man zusammen gut unterwegs sein kann. Das ist für mich ein Liebeszeichen von Gott für die Israeliten.

Dann gibt es in dieser Stiftshütte auch den Leuchter. Es gibt Licht für unterwegs. Es gibt ein Wegzeichen. Jetzt tappen die Israeliten nicht im Dunkeln. Gott möchte ihnen zusagen: Ich schenke euch Licht. Ihr müsst nicht im Dunkeln herumirren. Licht stand aber auch für die Gegenwart des Heiligen Gottes. Ein Liebeszeichen Gottes für sein Volk. Ich bin bei euch und ich gehe mit euch, ihr werdet nicht im Dunkeln herumirren.

Und dann gibt es innen drin in der Stiftshütte noch die Schaubrote, so als ob Gott sagen möchte, ihr kommt nicht zu kurz. Ich gebe euch, was ihr braucht. Ich werde euch immer wieder unterwegs fragen, was ihr benötigt, was notwendig, lebensnotwendig für euch ist. Ihr werdet erfahren, dass ich euch versorge. Ich als Vater habe die Pflicht, für euch Sorge zu tragen. Ich kümmere mich um euch. Deshalb dieser wunderschöne Schaubrot-Tisch mit Brotlaiben oben darauf – ein Liebeszeichen Gottes für sein Volk, ein Lebenszeichen. Ich will, dass ihr am Leben bleibt. Ein Liebes- und Lebenszeichen für die Menschen. Lassen Sie uns die Hütte heute als Christen anschauen. Auch darüber schreibt der Hebräerbrief (Kapitel 9,11-15) etwas ganz Interessantes:

> *Christus aber ist gekommen als ein Hohepriester der zukünftigen Güter durch die größere und vollkommenere Stiftshütte, die nicht mit Händen gemacht ist, das ist: die nicht von dieser Schöpfung ist. Er ist auch nicht durch das Blut von Böcken oder Kälbern, sondern durch sein eigenes Blut ein für alle Mal in das Heiligtum eingegangen und hat eine ewige Erlösung erworben. Denn wenn schon das Blut von Böcken und Stieren und die Asche von der Kuh durch Besprengung die Unreinen heiligt, sodass sie äußerlich rein sind, um wie viel mehr wird dann das Blut Christi, der sich selbst als Opfer ohne Fehl durch den ewigen Geist Gott dargebracht hat, unser Gewissen reinigen von den toten Werken, zu dienen dem lebendigen Gott! Und darum ist er auch der Mittler des neuen Bundes, damit durch seinen Tod, der geschehen ist zur Erlösung von den Übertretungen unter dem ersten Bund, die Berufenen das verheißene ewige Erbe empfangen.*

Wo die Stiftshütte heute ist, wo die Bundeslade ist, wissen die Forscher nicht. Man denkt, vielleicht ist sie irgendwo versteckt, aber keiner weiß wo. Wir Christen wissen, wo die neue Stiftshütte ist, das neue Heiligtum. Das ist nämlich Christus selbst. Lassen Sie uns diesen Christus kurz anschauen. Er sagt von sich: „Ich bin das Licht dieser Welt." Das ist der Leuchter in der Stiftshütte. Wo Gott uns sein Liebes- und sein Lebenszeichen in Christus gibt und sagt: Wer diesem Christus nachfolgt, wer ihm Vertrauen schenkt, der wird in keiner Situation ganz im Dunkeln herumirren. Er wird das Licht des Lebens haben. Erinnern Sie sich an Ihre Taufe. Wir haben Ihnen eine Kerze geschenkt, eine Taufkerze, um Ihnen zuzusagen: Christus ist auch dein Licht. Christus wird dir leuchten. Christus wird dir heimleuchten, im Sinne von: du wirst immer wieder zurückfinden zur Wohnung Gottes, wo du dich aufhalten kannst, wo du zur Ruhe kommen kannst, wo du Gott begegnen kannst, wo du dich erlösen, befreien, entschuldigen lassen kannst.

Christus, das Liebeszeichen, das Lebenszeichen Gottes sagt (vgl. Johannes 6,48f): „Ich bin das Brot des Lebens. Wer zu mir kommt, den wird nicht mehr hungern." Hier können Menschen ihre Sehnsucht stillen, ihren Lebenshunger. Und spüren Sie, hören Sie in sich hinein. Wie oft ist Unzufriedenheit in uns, weil wir nicht satt werden von dem, was wir haben, von dem, was wir glauben zu sein, oder von dem, was wir glauben zu können. Wir kommen nicht auf unsere Kosten mit all dem. Christus will uns frisches Brot sein, lebendiges Brot, will unseren Hunger stillen, die Sehnsucht stillen. Wie gut tut das, wenn wir zum Frieden kommen und zufrieden werden.

Von Christus sagt man aber auch, er ist das lebendige Wort, er ist die Wegweisung, er ist der Weg selbst, er ist die Wahrheit und das Leben. Das heißt, hier in Christus hat uns Gott sein Liebes- und sein Lebenszeichen gegeben, damit unser Weg gut verläuft. Wie die Israeliten damals die Bundeslade hatten mit dem Gesetz drin, so haben wir jetzt Christus als lebendiges Wort Gottes. Das Wort, das uns hilft, das uns immer wieder aufrichtet, das uns ausrichtet, damit Hoffnung in unserem Leben ist, damit wieder neue Perspektive hineinkommt.

Ich wünsche Ihnen, dass Sie diesem Liebes- und Lebenszeichen Gottes in Christus begegnen, dass er Ihnen Herzen versteckt, egal, wo auch immer. Und dass Sie diese Herzen peu à peu entdecken und merken, Gott meint es gut mit Ihnen. Gott hat Sie lieb, Gott möchte Sie versorgen. Machen Sie sich mit diesem Gott auf den Weg und denken Sie daran, er hat Wohnung genommen bei uns durch Christus. Er ist bei uns, er ist mit uns, er ist für uns.

Zwei Meilen weit (Wegbegleiter sein)

Nur wenn du es wirklich willst,
bin ich gerne für dich da.
Bitte fühl dich völlig frei,
du allein bestimmst wie nah.
Ohne Wenn und ohne Aber,
kein „du sollst" oder „du musst".
Ob nur Stunden oder Tage,
das entscheidest du bewusst.

Auch wenn dir der Staub der Straße
schwer an Hand und Füßen klebt,
du auf deinem Weg beschwerlich,
nur noch ganz, ganz langsam gehst.

Will ich dir ein Wegbegleiter
und ein Wegbereiter sein.

Das was du gerade brauchst,
will ich dir von Herzen geben.
Will auf vieles auch verzichten,
wenn es dir hilft aufzuleben.
Bitte sei dir nicht zu schade,
für die Hilfe nicht zu stolz,
bald bist du wieder gefragt,
dass du andern helfen sollst.

Wir woll'n miteinander fragen, was das Beste für dich ist,
werden miteinander suchen, bis dein Herz zufrieden ist.
Dürfen füreinander beten, nichts liegt nur in unserer Hand,
Bitten Gott um seinen Segen, der uns beiden dienen kann.

Dieser Text ist als Lied erschienen auf der CD „Zwei Meilen weit".

Fünf Fragen zum Text:

1. Machen Sie sich nochmals vertraut mit dem Aufbau und dem Inhalt sowie mit der Bedeutung der Stiftshütte. Was sind Ihre ersten Gedanken oder Eindrücke dazu?
2. Warum ist es Gott wichtig, auf diese Weise bei seinem Volk „Wohnung zu nehmen“? Was bedeutet in dieser Hinsicht ein „Zelt“?
3. Von der Stiftshütte ging es später über den Tempelbau weiter zu der Entstehung von Synagogen und Kirchen. Entspricht oder widerspricht das dem ursprünglichen Gedanken der Wohnung Gottes in einem nomadischen „Zelt“?
4. Auf welche Weise ist Jesus Christus heute unsere „Stiftshütte“ (vgl. Hebräer 9)?
5. Was sind für Sie persönlich Liebes- und Lebenszeichen Gottes auf Ihrem Weg?

Notizen:

....

....

....

....

....

Die Ver(w)irrten

Ort: Qumran / Totes Meer
Bibelstelle: Jesaja 43,1ff

Qumran, eine wunderschöne Gegend am Toten Meer. Und mit vielen Seitentälern, zerklüfteten Gebirgen mit vielen, vielen Höhlen, die eine bedeutende Rolle gespielt haben in der Geschichte von Qumran. Heute nicht mehr als eine große Ruine am Nordwestufer des Toten Meeres. Aber hier herrschte ein unvergleichliches geistliches Leben ab circa 200 vor Christus. Eine Gemeinschaft entstand hier unter der Führung des sogenannten Lehrers der Gerechtigkeit. Er drängte seine Anhänger auf eine strengere Erfüllung des Gesetzes, als es sonst üblich war. Man hatte sich mit den religiösen Anführern der Juden überworfen und gründete hier in Qumran, in der Abgeschiedenheit der Welt, eine klosterähnliche Siedlung, um dem bald erwarteten Ende der Welt entgegenzugehen.

Endgültig zerstört wurden Qumran im jüdisch-römischen Krieg von den Römern. Archäologen fanden hier beeindruckende Überreste, ein einzigartiges Wasserversorgungssystem, das vor allem viel Wasser für die religiöse Reinigung ins Kloster fließen ließ, außerdem einen großen Friedhof der Klostergemeinschaft, mit über 1 100 Gräbern. Man fand Gärtnereien, Bäckereien, Töpfereien, Färbereien. Man versuchte, so gut wie möglich den Alltag zu meistern. Vor allen Dingen war man aber in Gedanken darauf eingestellt, dass bald das Ende der Welt kommen würde und damit endlich der langersehnte Messias käme, der die Gemeinschaft der Qumraner dann als sein auserwähltes Volk Gottes erlösen würde. So hoffte man, so glaubte man, das erwartete man.

Wenn man eines von den Qumranern sagen kann, dann das: Sie waren mit Sicherheit eine der belesensten Religiösen der damaligen Welt. Aus Angst vor den Römern hatten sie im Laufe der letzten Tage von Qumran ihre ganzen Schriften in Tonkrügen verschlossen und diese Krüge in den Höhlen der Umgebung rund um das Tote Meer versteckt.

Es ist einer dieser Jahrhundertzufälle in der Archäologie, der sich hier in Qumran im Jahr 1947 abspielte. Den Erzählungen nach soll ein arabischer Hirtenjunge beim Spielen auf die weltberühmten Schriftrollen gestoßen sein. Seine Lebensgemeinschaft maß diesem Fund zunächst keine Bedeutung zu und verwendete einige der alten Papiere als Einlagen für ihre Schuhe. Glücklicherweise wurde im gleichen Jahr ein israelischer Wissenschaftler auf die Funde aufmerksam. Seitdem wurden die Höhlen der Gegend von Archäologen systematisch durchsucht.

Das Ergebnis ist beeindruckend. Zwischen 1947 und 1956 fand man in elf Felshöhlen und verschiedenen Tälern rund fünfzehntausend Fragmente von 850 Rollen aus dem antiken Judentum, die von mindestens fünfhundert verschiedenen Schreibern zwischen 250 vor Christus und 40 nach Christus beschriftet wurden. Darunter sind etwa 200 Texte des späteren Tanach, die bislang ältesten bekanntesten Bibelhandschriften. Unter anderem wurde hier auch eine komplette Abschrift des Jesajabuches auf Hebräisch aus dem zweiten Jahrhundert vor Christus entdeckt. Es ist faszinierend. Dieser Text ist um 1 000 Jahre älter als die bis dahin ältesten bekannten hebräischen Bibel-Handschriften, die erst aus dem Mittelalter stammten. Wir können also davon ausgehen, dass wir dieselbe Botschaft der Bibel lesen, wie sie damals auch hier die Urchristenheit besaß. Wir lesen die gleichen Worte des Propheten Jesaja, wie sie auch Jesus damals in der Synagoge vorgelesen hat.

Lassen Sie mich nun ein paar wenige, religiöse Schriften aufzählen, die man hier in fand. Da fand man zum Beispiel Henoch-Fragmente, das Testament Levis, das Testament Naphtalis, das Jubiläen-Buch, die Hymnen-Rollen, Kriegsrollen, Sektenregeln, Gemeindeordnungen, Segenssprüche, Kalendertexte, Sabbatliturgien, Tempelrollen, ein Schatzverzeichnis, das Gigantenbuch, das Gebet des Nabonit und viele, viele mehr. Aber es wurden auch andere Texte gefunden: Mystische Texte, magische Texte, astrologische Texte, etwa ein Orakel, eine Brontologie (Gewitterlehre), viele Schreibübungen, um noch mehr weltliche und religiöse Texte sammeln, abschreiben und dann lesen zu können.

Ich werde den Eindruck nicht los: hier in Qumran, da lebten Menschen in einer religiösen Gemeinschaft, die auf der Suche waren, auf der Suche nach der Wahrheit. Auf der Suche nach der Wahrheit über sich, über die großen Zusammenhänge, der Suche nach Gott. Auf der Suche nach einem glücklichen, richtigen, zufrieden Leben – immer mit der Frage verbunden: wer bin ich, was tue ich hier, was denkt Gott über mich? Diese Sehnsucht war wie ein Hunger. Hunger nach Erlösung und Erfüllung und man suchte das nicht nur in Religiösem zu finden und die Sehnsucht zu stillen, sondern auch in der Magie, in der Astrologie. Und je mehr diese Qumraner lasen, je mehr sie forschten, je mehr sie suchten, desto verwirrter waren sie am Schluss. Desto mehr verirrten sie sich. Desto weiter weg kamen sie von dem Eigentlichen, von dem Wesentlichen, von den Wichtigsten. Und das, obwohl sie doch auch das Jesajabuch besaßen, obwohl sie es auch lasen und dort von einem Messias lasen, der kommen würde und die Welt erlösen möchte. Der die Menschen wertschätzt, sie lieb hat, sie aufrichtet, der die Krankheiten und Schmerzen auf sich nimmt. All das steht im Propheten Jesaja.

Die Qumraner waren so dicht an der Wahrheit dran, aber sie waren verwirrt. Sie verirrten sich vor lauter Suchen, vor lauter Wissen. Soviel hätten sie über den Messias wissen müssen, dass er Frieden schafft, dass er Wunden heilt. Aber sie haben ihn knapp verfehlt, obwohl nur wenige Kilometer weiter Jesus wirkte, obwohl der Heiland, der Retter in der Welt war. Sie hatten sich verirrt.

Qumran, das könnte ein Ort sein, wo die Menschen mit ihren Verirrungen und Verwirrungen herausfinden aus dem Labyrinth. Qumran, das könnte ein Ort sein, wo Sie auch mit Ihren ganzen Zweifeln, mit Ihren Verwirrungen und Verirrungen herkommen und das einfach mal überprüfen anhand dessen, was im Propheten Jesaja genannt wird. Hier stehen Worte wie „Fürchte dich nicht, denn ich habe dich erlöst; ich habe dich bei deinem Namen gerufen; du bist mein! Wenn du durch Wasser gehst, will ich bei dir sein, dass dich die Ströme nicht ersäufen sollen; und wenn du ins Feuer gehst, sollst du nicht brennen, und die Flamme soll dich nicht versengen“ (Jesaja 43,1-2). Und das alles, „weil du so wertvoll bist in meinen Augen, weil ich dich lieb habe“ (vgl. Jesaja 43,4).

Qumran, das könnte ein Ort sein auch in Ihrem Leben, wo Sie eine ganz wertvolle Botschaft versteckt haben in irgendeiner Höhle. Aus Angst vor irgendetwas. Qumran, das könnte der Ort sein, wo Sie diese Botschaft wiederfinden, ausgraben und ganz neu hören und entdecken. Auch und gerade dann, wenn man sich vor lauter Denken und Dichten, vor lauter Sich-Gedanken-machen auf eine völlig falsche Fährte begeben hat. Und man merkt und man spürt, man hat ganz tief im Herzen eine Sehnsucht, die einen beunruhigt. Aber wo soll man suchen, wo soll man finden?

Vielleicht gibt es in Ihrem Leben so ein Qumran, vielleicht gibt es in Ihrem Leben so einen Ort, wo Sie eine wichtige Botschaft wieder ausgraben und für sich persönlich entdecken. Was ist das für ein wunderbares Wort, wenn es im Jesajabuch heißt (Jesaja 43,18-19a):

Gedenkt nicht an das Frühere und achtet nicht auf das Vorige! Denn siehe, ich will ein Neues schaffen, jetzt wächst es auf, erkennt ihr’s denn nicht?

Da ist einer, der uns einlädt, ihm nachzufolgen, das Alte hinter sich zu lassen, zu begraben und sich dann auf das Neue einzulassen. Das Neue zu entdecken und dabei zu spüren, Gott ist mit mir. Gott ist nicht gegen mich. Er nimmt sich um mein suchendes Herz an und um alle Sehnsucht.

Kennen Sie Augustinus, den großen Kirchenvater, der in die Geschichte eingegangen ist? Aber so war er nicht immer. Obwohl er von seiner Mutter christlich erzogen worden ist, hat er doch in sich so einen ganz starken Drang gehabt, das Leben entdecken zu wollen, auf Abenteuer und Eroberungen zu gehen. So hat er sehr viel gelesen, er hat studiert, hat es weit gebracht. Karriere gemacht. Bis zum Kaiser kam er, an dessen Hof, weil er so ein guter, kluger Mann war, hatte auch das Leben in Hülle und Fülle. Er war für die freie Liebe, er liebte sich durch die Welt, viele Frauen hat er. Und dieser Augustinus spürt in sich drin eine Sehnsucht, die er mit nichts stillen kann. Weder mit vielen Schriften, mit vielen klugen Gedanken, mit vielen Disputationen. Der kann seine Sehnsucht auch nicht stillen mit den vielen Frauen, die er gehabt hat. Und so begegnet ihm eines Tages Christus. Bei diesen Christus, da merkt er, dass plötzlich in ihm etwas zur Ruhe kommt. Dass das, was so unruhig war, so verwirrt und so verirrt, sich plötzlich zum Frieden entwickelt. Wie er plötzlich in sich spürt, jetzt kommt etwas zur Ruhe. Jetzt darf ich so sein, wie ich bin. Ich muss mich nicht ständig beweisen, muss mich nicht ständig nach vorne kämpfen. Und dann sagt dieser Augustin einen ganz wichtigen Satz nämlich: „Unser Herz ist unruhig so lange, bis es Ruhe findet in dir, Gott."

Das wünsche ich Ihnen, dass Sie an ihrem ganz persönlichen Qumran-Ort dieser alten, aber sehr bewährten und gewissenhaften Botschaft begegnen, die nichts anderes sagt als: „Du kannst dich auf mich verlassen, Menschenkind. Ich habe dich seit eh und je geliebt. Dass du zur Ruhe kommst und zum Frieden.“ Frieden, auf Hebräisch „Shalom“, heißt eigentlich: genug haben. Genug haben, so dass sich die gesunden Kräfte der Seele frei entfalten können.

Das wünsche ich Ihnen, dass Christus als Friedefürst, auch als dieser ist er im Jesaja angekündigt, dass er als Friedefürst kommt und bei Ihnen Frieden schafft. Dass Sie nicht mehr das Gefühl haben, zu kurz zu kommen und das Wichtigste zu verpassen, zu versäumen, sondern genug haben für dieses Leben. Genug haben, dass sich die Seele entfalten kann. Möge Ihnen Gott das schenken in Ihrem persönlichen Qumran.

Hier gibt es in der Zwischenzeit, wie gesagt, nur noch Ruinen. Qumran ist längst Vergangenheit. All die Sehnsüchte, die man nicht stillen konnte, sind begraben, untergegangen. Man hat die ganzen Qumraner hingerichtet oder als Sklaven verkauft. Ist das ein tragischer Ausgang. Menschen, die auf der Suche waren, Menschen, die mit ihrer Sehnsucht nicht zum Frieden finden, sondern untergehen. Einfach so unzufrieden ihr Leben lassen müssen. Ich wünsche es uns, dass für uns Qumran nicht Vergangenheit wird, sondern wir diese Schätze entdecken. Egal, in welchen Höhlen, welchen Tonkrügen sie stecken. Manchen Sie sich auf die Suche, lesen Sie in diesem alten Buch und vertrauen Sie auf diese Botschaft.

Fürchte dich nicht, ich bin mit dir

Fürchte dich nicht, ich bin mit dir,
hab keine Angst, ich bin bei dir.
Schon seit eh und je bin ich auf deiner Seite,
sei ganz unbesorgt, weil ich dich treu begleite.
Fürchte dich nicht, ich bin mit dir,
hab keine Angst, ich bin bei dir.

Ich werd' mit dir durch reißende Fluten gehn
und du wirst darin nie niemals untergehn.
Ich werd' mit durch verzehrendes Feuer gehn
und du wirst darin niemals zu Grunde gehn.
Von Anfang an bist du mir aufgeladen,
in alle Ewigkeit will ich dich tragen.

Ich werd' mit dir durch endlose Wüsten gehn
und du wirst darin niemals verloren gehn.
Ich werd' mit durch die schwierigsten Zeiten gehn
und du wirst daraus irgendwann auferstehn.
Von Anfang an bist du mir aufgeladen,
in alle Ewigkeit will ich dich tragen.

Dieser Text ist als Lied erschienen auf der CD „Lebenszeichen".

Fünf Fragen zum Text:

1. Zwei Beispiele aus typischen Qumrantexten, in denen die fast schon pedantische Gesetzestreue deutlich wird, lauten: „Niemand soll dem Vieh am Sabbattage beim Werfen helfen. Und wenn es in einen Brunnen fallt oder in eine Grube, so soll man es am Sabbat nicht wieder herausholen“ (Damaskusschrift 11,16-17). „Einen lebendigen Menschen, der in ein Wasserloch fällt, oder sonst in einen Ort, soll niemand heraufholen mit einer Leiter oder einem Strick oder einem anderen Gegenstand“ (Damaskusschrift 11,16-17). Wie wirkt diese Frömmigkeit auf Sie?
2. Gibt es für Sie persönlich Literatur, die Ihnen im Leben wichtig wurde? Schriften, die Sie eventuell näher an den Glauben geführt haben, oder weiter davon abgebracht haben?
3. Welche biblischen Parallelen hat die Erkenntnis Augustins („Unser Herz ist unruhig so lange, bis es Ruhe findet in dir, Gott.“) in den Psalmen und in Ihrem persönlichen Leben?
4. Welche Gründe könnte es haben, dass Menschen heute, wie damals die Qumraner, wertvollste Erkenntnisse und Wahrheiten „vergraben“?

5. In welchem Verhältnis stehen die sehr dogmatisch-gesetzlichen, unpersönlichen Qumranschriften mit dem Buch des Propheten Jesaja?

Notizen:

KAPITEL 14

Gespräch mit dem Israeliten Chaim Lavi

Ort: Jerusalem

Chaim Lavi lebt und arbeitet mit seiner Familie in Israel. Als israelischer Reiseleiter zeigt er die Sehenswürdigkeiten Israels und kennt sich mit der Geschichte und den Persönlichkeiten seines Landes bestens aus. Chaim Lavi hat die Reisegruppe des Fernsehgottesdienstes „Stunde des Höchsten" zehn Tage lang begleitet. Für den Gottesdienst stand er Pfarrer Heiko Bräuning Rede und Antwort.

Heiko Bräuning: Ich glaube, man sagt in Israel nicht „Hallo" und „Herzlich Willkommen", sondern „Shalom"! Shalom, Chaim!

Chaim Lavi: Genau! Auch dir: Shalom, Heiko!

Heiko Bräuning: Was verbindet man mit diesem Gruß?

Chaim Lavi: Erst einmal einfach nur „Hallo, guten Tag, ich freue mich dich zu sehen." Und natürlich der Wunsch „Frieden möge mit dir sein", Wohlsein, Unversehrtheit, Wohlergehen.

Heiko Bräuning: Frieden. Warum wünscht man sich gegenseitig Frieden? Steckt da etwas Besonders dahinter?

Chaim Lavi: Ja, wenn wir Frieden haben, haben wir praktisch alles. Frieden meint den Wunsch, dass jeder genug zum Leben haben möge: an Glück, Gesundheit, Auskommen. Wer Frieden hat, kann leben! Und er hat Freude am Leben. Wenn jeder dieses Gefühl des „Zufriedenseins“ in sich trägt, wird Neid, Hass und Gewalt verhindert. Deshalb der Wunsch: Shalom möge mit dir sein!

Heiko Bräuning: Wir stehen hier auf einem riesigen Friedhof vor der Ostmauer Jerusalems. Was hat es mit diesem Friedhof auf sich?

Chaim Lavi: Dieser Friedhof hier am Ölberg ist der älteste jüdische Friedhof der Welt. Begraben wird hier schon seit über zweitausend Jahren.

Heiko Bräuning: Warum ist es für einen Juden wichtig, hier in der Nähe des Tempels oder in Jerusalem überhaupt beerdigt zu werden?

Chaim Lavi: Weil wir hier ganz nah am allerwichtigsten Ort des Judentums sind. Hier am Tempelberg ist der Entstehungsfelsen der Welt. Und wenn der Messias kommen sollte, kommt er vom Ölberg herunter und holt diejenigen, die hier laut jüdischer Tradition begraben werden.

Heiko Bräuning: Aber dann sollte man meinen, dass die Juden auch versuchen würden, so dicht wie möglich an die Mauer heranzukommen. Aber jetzt sieht man an der Ostmauer ganz andere Gräber, nämlich muslimische Gräber. Wie kam es dazu?

Warum haben die Juden dies zugelassen? Und was wollen die Muslime damit erreichen?

Chaim Lavi: Das stimmt! Wir sehen hier entlang der Mauer arabische, islamische Gräber. Das kommt von den Zeiten, als die Moslems hier das Sagen hatten. Als Juden hier gar nicht gelebt haben. Und die Moslems kennen die jüdische Tradition, dass der jüdische Meschiach vom Ölberg herunterkommen sollte. Und sie wissen auch, dass der Meschiach als jüdischer Priester nicht über Gräber kommen darf. Deshalb haben sie da ihre Gräber angelegt und auch das Goldene Tor zum Moriah-Berg zugemauert.

Sie werden die ersten sein, die auferstehen.

Heiko Bräuning: Wenn man Juden hier auf dem Friedhof beten sieht, dann beten sie in diese Richtung des ehemaligem Tempels.

Chaim Lavi: Auch das ist wegen des Entstehungsfelsen der Erde beziehungsweise dem Moriaberg. Auf diesem Felsen sollte Abraham seinen Sohn Isaak opfern. Und hier standen unsere beiden Tempel.

Heiko Bräuning: Hier in der Nähe ist auch das Mahnmal von Absalom. Das ist eine ganz besondere Stelle für dich, mit einer ganz besonderen Begebenheit. Erzähl uns davon.

Chaim Lavi: Ja, dieses Mahnmal von Absalom soll an Davids Sohn Absalom erinnern, der eigentlich schon 1 000 Jahre vor dem Bau dieses Mahnmals gelebt hat. Dazu muss man die Geschichte Absaloms kennen: Absalom ist der dritte Sohn von David. Obwohl Absalom von seinem Vater David sehr geliebt wurde, versucht er diesen zu stürzen.

Eines Tages vergewaltigte Absaloms Halbbruder Amnon seine Halbschwester Tamar. David jedoch unternahm nichts weiter, als Amnon des Hofes in Jerusalem zu verweisen. Absalom – voller Zorn – übte Rache, indem er Amnon tötete. Anschließend floh er vor David. Erst nach etwa fünf Jahren wagte er es, wieder vor seinen Vater zu treten. Er wollte selbst die Herrschaft übernehmen. Absalom war der Meinung, sein Vater David sei ein schwacher König, Israel brauche aber eine starke Führung. Mithilfe seines Beraters Ahitofel konnte er unter den Fußsoldaten und Ältesten Freunde gewinnen und auf der anderen Seite des Jordan ein kleines Heer mobilisieren. David musste aus Jerusalem fliehen. Über Spitzel, darunter auch der junge Priester Huschai, erreichte David, dass Absalom aus der Stadt gelockt wurde. Im Wald von Efraim kam es zur Schlacht. Auf der Flucht vor den Soldaten seines Vaters blieb Absalom mit seinem langen Haar – dem Kennzeichen, das die biblische Erzählung mit ihm verbindet – in der Krone eines Baumes hängen. Joab, dem Hauptmann Davids, blieb nichts anderes zu tun, als ihn zu töten. Dies tat er, obwohl David seine Soldaten vor dem Kampf aufgefordert hatte, Absalom zu verschonen.

Das Mahnmal von Absalom ist ein Denkmal für alle Väter und Kinder Israels. Es geht um den Gehorsam zwischen Vater und Sohn. Ich habe hieran folgende Erinnerung: Schon vor 45 oder 47 Jahren, gleich nach dem Sechs-Tage-Krieg, als ich noch ein kleiner Junge von sechs Jahren war, war ich zum ersten Mal in Ost-Jerusalem. Da gingen wir hier an der Mauer entlang. Rechts vom Weg ging es steil bergab. Ich war leichtsinnig und wäre um ein Haar den Hang hinuntergefallen. Mein Vater zog mich im letzten Moment zurück. Wir liefen ein Stück weiter. Das ganze wiederholte sich: ich tobte herum und verlor fast das Gleichgewicht, wenn mein Vater mich nicht zum zweiten Mal zurückgehalten hätte. Da wurde er wütend über meinen Ungehorsam und legte mich übers Knie. Es war das erste Mal, dass ich Schläge von meinem Vater bekam. Und ich habe sie nicht mehr vergessen. Mein Vater hat mir dann die Geschichte von Absalom und David erzählt. Ich habe geweint, aber dann war ich gehorsam. Viele, viele Jahre später erst habe ich gelernt, dass alle Väter Israels ihre Söhne an diese Stelle in Jerusalem brachten, um ihnen an Absalom zu zeigen, warum Gehorsam sein muss. Diese Lektion verbinden die Väter mit einem leichten Klapps auf den Hintern der Jungs.

Heiko Bräuning: Jetzt sind wir bei deinen Eltern. Bist du eigentlich fromm erzogen worden, mit vielen Gesetzen und Geboten? Wie muss man sich so etwas vorstellen bei einem Juden?

Chaim Lavi: Ganz fromm erzogen bin ich nicht. Ich würde sagen, leicht traditionell. Das heißt, wir halten den Sabbat und die Feiertage. Natürlich war ich auch im Thora-Unterricht und habe die Gesetze und die Thora studiert. Was mich heute aber fasziniert, ist der Glaube an die Menschen, die Liebe zu den Menschen. Das ist für mich gelebter Glaube. Schließlich heißt es in einem Gebot: „Du sollst deinen Nächsten lieben, wie dich selbst.“ Ich finde, dass ist das wichtigste, was wir heute tun können. Es gibt eine lustige Geschichte aus dem Babylonischen Talmud: Ein Heide kam zu Hillel und sprach: „Nimm mich ins Judentum auf unter der Bedingung, dass du mich die ganze Thora lehrst, während ich auf einem Bein stehe.“ Hillel nahm in auf und sprach: „Was dir verhasst ist, tu deinem Nächsten nicht. Alles andere ist Erklärung; geh und lerne.“

Heiko Bräuning: Ich beneide dich um deine Hebräischkenntnisse. Du kannst ja auch die hebräische Bibel fließend lesen. Gibt es einen großen Unterschied zwischen Alt- und Neuhebräisch?

Chaim Lavi: Nein, der Unterschied zwischen Althebräisch und Hebräisch ist nicht so groß. Unser Hebräisch heute basiert auf dem biblischen Hebräisch. Nach der Zerstörung des Zweiten Tempels zu Jerusalem im Jahre 70 nach Christus hörte dieses Althebräisch circa 200 nach Christus auf, als Alltagssprache zu fungieren. Allerdings hat man die Sprache wohl doch gehegt und gepflegt, zum Beispiel zu liturgischen Zwecken. Es ist auch so, dass sich die verstreuten jüdischen Gemeinden zur Verständigung untereinander des Althebräischen bedienten. Die Wiederauflebung des Hebräischen als Muttersprache begann dann im 19. Jahrhundert. Es entstand das moderne Hebräisch, Ivrit genannt. Aber der Unterschied ist nicht sonderlich groß, wohl aber der Wortschatz: Im Althebräisch hatten wir ungefähr 4 000 Wörter, im Neuhebräisch haben wir ungefähr 100 000, und es wächst ganz schnell. David Ben Gurion, der erste Ministerpräsident unseres Landes, soll einmal gesagt haben: „Wenn Moses heute zurückkäme und um ein Stück Brot bäte, verstünde man ihn.“

Heiko Bräuning: Du überblickst eine lange Geschichte; und wenn du jetzt mit christlichen Gruppen unterwegs bist, dann musst du dich auch mit Jesus auseinandersetzen. Wie wirkt das auf dich, wenn christliche Gruppen hier Gottesdienst feiern, wenn sie zu Jesus beten? Was denkst du in so einem Moment?

Chaim Lavi: Ich denke nur, dass Jesus einer von uns war. Dass er einer unserer Leute war. Und ich glaube, dass er wahrscheinlich falsch interpretiert wurde. Aber da kenne ich mich wirklich noch nicht so gut aus. Ich lerne noch sehr viel von meinen Gästen über Jesus.

Heiko Bräuning: Was denken Juden heute über Jesus? Kann man das so auf einen Punkt bringen?

Chaim Lavi: Ehrlich gesagt, machen sich die Juden heute nicht zu viele Gedanken über Jesus. Fromme Juden ignorieren Jesus.

Heiko Bräuning: Da würde ich gerne nochmals nachhaken. Was denken die Juden heute über Jesus?

Chaim Lavi: Die meisten Juden machen sich keine Gedanken über Jesus. Die frommen Juden ignorieren ihn. Die ganz säkularen Juden machen sich keine Gedanken. Andere Juden sagen, er war einer von uns, man hat ihn aber falsch verstanden. Oder sie sagen, er war verrückt. Aber wie gesagt, die meisten Juden beschäftigen sich heute gar nicht mit Jesus. Jesus spielt im Judentum keine Rolle. Weder in den Riten noch im Festtagskalender haben Jesus oder gar die Schriften des „Neuen Testaments“ irgendeine Bedeutung. Wie sagt es Martin Buber einmal: „Für uns gibt es keine Sache Jesu, nur eine Sache Gottes gibt es für uns."

Heiko Bräuning: Ich möchte nochmals zurück in deine Biographie schauen. Du bist ein Mensch, der sehr viel herumgekommen ist. Du bist zwar in Israel geboren, aber dann bist du auch ein paar Jahre ist Neuseeland gewesen, hast auch viele Jahre in Deutschland gelebt. Und jetzt lebst du wieder in Israel. Kann man das Leben in Israel vergleichen mit dem Leben in Deutschland oder Neuseeland? Oder ist das was ganz anderes hier?

Chaim Lavi: Überhaupt nicht. Das Leben in Israel ist anders, und ich rede nicht vom Lebensniveau. Man lebt hier gut, man kann hier gut leben. Allerdings muss man für das Gleiche viel mehr tun, viel mehr arbeiten, um gleich zu verdienen. Das Leben hier kann sehr schön sein, allerdings kann es auch ein bisschen stressig werden. Man muss mit den Nachrichten leben. Und planen kann man nicht immer so langfristig. Aber das ist mein Zuhause.

Heiko Bräuning: Zuhause – heißt das auch, dass man stolz darauf ist, dass man in diesem erwählten, ganz besonderen Land mit so einer Geschichte wohnen darf? Bedeutet einem das etwas, dass man an so einem historischen Ort wohnt?

Chaim Lavi: Ich bin nicht stolz, dass ich Israeli bin. Ich bin stolz, wenn ich sehe, dass unsere Armee – meine Leute, meine Brüder –, der man ja ganz schlimme Sachen nachsagt, wenn meine Armee als erste mit da sind, wenn es irgendwo auf der Erde ein Erdbeben mit sehr vielen Opfern gibt. Sie sind mit ihrem Team und ihren Hunden da und leisten ihre

Arbeit. Da bin ich stolz. Ich bin stolz zu sehen, dass israelische Ärzte in Afrika sind. Auf solche Dienste bin ich stolz. Ich bin stolz, wenn ich Gäste hier habe, die nach zehn, zwölf Tagen zurück nach Hause fahren und Freude haben. Da bin stolz. Aber nicht stolz, Israeli zu sein. Das ist mir zu allgemein.

Heiko Bräuning: Also ist auch kein besonderes Lebensgefühl damit verbunden, hier mit diesen Ort, wo die großen Gestalten der biblischen Geschichte gewohnt, gelebt haben? Das prägt nicht so das Denken.

Chaim Lavi: Das macht die Sache interessant. Aber ich bin nicht stolz darauf, dass die Geschichte hier geschah. Ich bin stolz auf andere Sachen – auf meine Familie, auf Sachen, die ich und meine Mitmenschen machen.

Heiko Bräuning: Manchmal – du hast es schon angesprochen – verbreiten die Nachrichten auch seltsame Botschaften über Israel. Lebt Ihr hier mit Angst im Nacken, dass morgen irgendwie was passieren kann, in Sachen Terrorismus?

Chaim Lavi: Zurzeit Gott sei Dank nicht. Aber wenn Busse explodieren, haben wir schon Angst. Aber wir dürfen nicht von der Angst geprägt werden. Wir leben mit unseren schönen Sachen und wir versuchen, der Angst ins Auge zu gucken und zu sagen: Wir haben keine Angst, und wir machen uns ein schönes Leben.

Heiko Bräuning: Jetzt haben wir viel über Israel gesprochen. Jetzt würde ich dich bitten, führe uns doch mal kurz „Kino im Kopf" vor. Eine Minute zu den schönsten Orten in Israel. In Israel, Chaims Geheimtipps – was muss man hier besucht und gesehen haben?

Chaim Lavi: O Gott! Überall. Da muss man sich ein Jahr dafür mitbringen. Aber wenn wir nur eine ganz kurze Zeit zur Verfügung haben, dann würde ich sagen, kommt mit mir, wir machen eine Schifffahrt nach Haifa. Im Hafen von Haifa, meiner Geburtsstadt, sehen wir den Berg Karmel vor uns. Da landen wir in Haifa und haben einen schönen Blick über die Stadt. Über den Norden fahren wir über das Galiläa-Gebirge, wo Jesus zu Hause war, wo viele unserer Leute auch vorher waren. Am See Genezareth vorbei besuchen wir ein paar interessante Städte. Dann auf die Golan-Höhen, wo der Streit zwischen Israel und Syrien ist, damit Sie die Sicherheitsprobleme Israels verstehen. Ins Jordantal und nach Jerusalem natürlich, hier in diese wunderbare Stadt. Dann würde ich in die Wüste fahren und die schönsten Farben der Wüste, die wir ja auch zusammen erlebt haben, sehen. Den Krater von Ramon, so etwas gibt es nirgends auf der Erde. Und zum Schluss werden wir noch eine Nacht durch Tel Aviv bummeln und das Nachtleben einer der verrücktesten Städte der Welt erleben.

Heiko Bräuning: Ich sage ganz herzlichen Dank, lieber Chaim, auch für die gute Zeit hier in Israel. Dir alles Gute. Wie sagt man jetzt auf Hebräisch, wenn man sich verabschiedet? Gibt es noch was anderes außer „Shalom“?

Chaim Lavi: Natürlich. Shalom und auf Wiedersehen nächstes Jahr in Jerusalem!

KAPITEL 15

Leben in Israel – Gespräch mit Lea Fleischmann

Ort: Jerusalem

Vor der Menorah und vor der Knesset, dem israelischen Parlament, haben wir Lea Fleischmann getroffen. Lea Fleischmann, Kind jüdischer Eltern, die den Holocaust überlebten, ist 1947 in Ulm geboren. Ihre Jugend verbrachte sie in Frankfurt am Main. Im August 1979 verließ sie Deutschland und wanderte nach Israel ein. Ihre Erfahrungen schrieb sie in dem Buch „Dies ist nicht mein Land" nieder, das großes Aufsehen erregte und auch längere Zeit auf der Spiegel-Bestsellerliste stand. Heute lebt Lea Fleischmann in Jerusalem. Sie hat das Talent, auf anschauliche Weise die Atmosphäre dieser Stadt zu vermitteln. Sie öffnet ihren Lesern und Zuhörern einen Zugang zu einer Kultur, die ihnen sonst verschlossen bliebe. Zurzeit arbeitet sie an der Buchreihe „Das Judentum für Nichtjuden verständlich gemacht". Lea Fleischmann ist eine authentische Vermittlerin der israelischen Kultur und der jüdischen Religion.

Heiko Bräuning: Shalom, Lea Fleischmann.

Lea Fleischmann: Shalom.

Heiko Bräuning: Ich freue mich, Sie hier zu treffen. In dem Land, wo Sie wohnen, in der Stadt, wo Sie wohnen – in Jerusalem. Jetzt stehen wir vor der Menorah. Können Sie mir und uns so einen kleinen, kurzen Exkurs geben über dieses Wahrzeichen von Israel?

Lea Fleischmann: Die Menorah war ursprünglich der Tempelleuchter. Als dann der Staat Israel gegründet wurde, wurde nachgedacht, was man als Wahrzeichen für Israel nehmen könnte. Und diese Kommission damals hat sich für die Menorah entschieden. Die Menorah ist ein siebenarmiger Leuchter und er hat natürlich eine ganz besondere Bedeutung. Die Zahl Sieben: wir haben sieben Wochentage, alle sieben Jahre gibt es ein Jahr, in dem die Erde geschont wird. Und die Sieben hat natürlich etwas mit unserem Gesicht zu tun, denn durch die sieben Öffnungen unseres Gesichtes nehmen wir die Welt wahr. Also eigentlich ist unser Kopf auch eine Menorah *[ählt in ihrem Gesicht zwei Augen, zwei Nasenlöcher, einen Mund und zwei Ohren].*

Diese Menorah hier hat ein Künstler kreiert. Im Mittelpunkt der Menorah haben wir die Zehn Gebote, hier oben. Dann haben wir dieses Gebet oder das Glaubensbekenntnis Israels, des Volkes Israel, Schemah Israel: Höre Israel, der Gott ist einer. Ich denke, das ist ein sehr schönes Wahrzeichen des Landes.

Heiko Bräuning: Der siebenarmige Leuchter ist nicht zu verwechseln mit dem neunarmigen Leuchter.

Lea Fleischmann: Nein, der neunarmige Leuchter, die Chanukka,wird an einem Fest angezündet, dem Chanukka. Es war so: Die Griechen haben den Tempel verunreinigt und haben auch die damalige Menorah, den Tempelleuchter, verunreinigt. Dann wurde ein kleines Kännchen Öl gefunden. Und eigentlich hätte dieses Kännchen Öl, es war reines Öl, nur für einen Tag reichen können, aber dieses Kännchen Öl reichte acht Tage. So lange, bis neues, reines Öl hergestellt werden konnte. Zur Erinnerung an dieses Wunder wird der neunarmige Leuchter angezündet.

Heiko Bräuning: Wenn man mit Ihnen spricht, wenn man Ihnen zuhört, wenn man Ihre Bücher liest, die Sie geschrieben haben, hat man ständig Aha-Erlebnisse. Warum beschäftigen Sie sich eigentlich so intensiv mit dem Judentum?

Lea Fleischmann: Als ich vor 34 Jahren nach Israel kam, war ich überhaupt nicht religiös. In Deutschland gehörte ich in Frankfurt der linken Studentenbewegung an. Frauenbewegung, das war so ungefähr die Richtung. Auch die damalige Studentenbewegung war ja eine Kritik an der Gesellschaft und suchte nach Lebensformen, die, sagen wir mal, nicht total der Wirtschaft unterliegen. Sie suchte nach Ideen, nach Gerechtigkeit. Und nun kam ich nach Israel. Hier in Israel entdeckte ich dann im Laufe der Jahre, nachdem ich Hebräisch gelernt habe, die Thora und die Bibel. Hier haben wir ein Werk, ein ethisch moralisches Werk, in dessen Mittelpunkt die Gerechtigkeit steht, weil hier die Zehn Gebote sind. Die Zehn Gebote sind heute eigentlich Menschenrechte, sind gültig für alle Menschen. Mich hat das einfach so fasziniert. So ganz allmählich begann ich, auch hier das jüdische Leben zu beobachten. Ich beobachtete, dass es religiöse Gruppen gibt, die einen Tag in der Woche intensiv halten. Dass es Menschen gibt, die am Sabbat kein Auto fahren. Das hat mich sehr fasziniert. Ausgehend von diesen Beobachtungen und natürlich von der Atmosphäre hier in Israel begann ich, mich mit der Thora zu beschäftigen. Je mehr ich mich damit beschäftige, desto mehr begreife ich, warum dieses Werk überlebt hat und warum das Judentum über Jahrtausende überlebt hat. Wir verbinden uns hier, wenn wir so wollen, mit einer Tradition, die Jahrtausende alt ist. Die erste Menorah stand im Stiftszelt, als Moses das Volk Israel in die Wüste führte. Diese Verbindung ist für mich nicht nur interessant, sondern ich begreife eigentlich die Kraft. Ja, die Kraft der Bibel, die letzten Endes die Welt revolutioniert hat. Es ist ja kein Zufall: Jesus und seine Jünger kamen doch aus dem Volk Israel und haben den Völkern der Welt die ethisch-moralischen Gebote der Thora gebracht. Der Islam ist von der Thora beeinflusst, nicht wahr? Ich bin der Meinung, dass von Israel aus wieder Gedanken in die Welt hineingehen werden – in die nichtjüdische Welt. Und ein wenig in diese Richtung arbeite ich ja auch.

Heiko Bräuning: Sie sagen, dass das Judentum aus vielen Geboten und Gesetzen besteht. Und Sie behaupten auch, dass diese Gesetze den Menschen auch Heil, Glück und Gesundheit bringt, und vielleicht auch ein Stück weit mehr Segen. In Deutschland gab es auch eine Zeit, in der Gebote und Gesetze geherrscht haben. Im Islam wissen wir auch, dass Gebote und Gesetze herrschen, und davon geht keine Gesundheit aus, obwohl wir uns alle irgendwie darauf berufen. Was ist unterwegs falsch gelaufen, was im Judentum vielleicht richtig gelaufen ist?

Lea Fleischmann: Es ist nicht einfach für mich, die Frage zu beantworten. Denn ich weiß nicht genau, was das Problem heute mit dem Christentum ist. Nach meinen Beobachtungen ist es so: Gerade in der westlichen Welt haben wir heute diese enorme Kraft der Wirtschaft, die ja die Menschen ungeheuer beeinflusst, die den Menschen erzählt, wie man leben muss, was man anziehen muss, was man essen muss und so weiter. Dem gegenüber stehen die Gebote der Bibel, die auch im Christentum praktiziert wurden. Jetzt in Deutschland zum Beispiel beobachte ich, dass Werte oder religiöse Riten, die es mal gab – wenn ich gerade an den Sonntag denke –, dass die sich verflüchtigen. Immer weniger Leute halten die ein. Der Sonntag ist von einem Feiertag zu einem Freizeittag verkommen.

Hier in Israel haben Sie aber noch sehr starke religiöse Gruppen. Sie haben auch noch diesen Widerspruch zwischen Religion und Wirtschaft. Auch hier ist diese Auseinandersetzung spürbar, aber sie haben noch sehr starke religiöse Gruppen, die nach der Thora leben. Und diese Gruppen haben mir, die ich doch überhaupt nicht religiös war, zumindest einen Weg gezeigt. Ich konnte irgendetwas annehmen, vielleicht nicht in dieser strenge Form, wie sie zum Beispiel den Sabbatoder die Feiertage einhalten. Aber ich konnte etwas annehmen und in mein persönliches Leben integrieren. Das ist eigentlich die Kraft, die ich hier in diesem Land spüre. Es ist ja auch ein westliches Land mit all den Problemen, die wir in der westlichen Gesellschaft haben. Und auf der anderen Seite haben sie noch ganz starke religiöse Kräfte, an denen man – an denen ich –partizipieren kann.

Heiko Bräuning: Lassen Sie uns noch Anteil haben an der Tiefsinnigkeit des Judentums. Schon über die ersten Worte der Bibel kann man bei Ihnen so schön lernen, dass es da unwahrscheinlich viel Tiefgang hat. „Am Anfang schuf Gott Himmel und Erde." Lassen Sie uns daran teilhaben.

Lea Fleischmann: Nachdem ich Hebräisch gelernt habe und angefangen habe, die Thora in der hebräischen Sprache zu lernen, entschlüsselte sich mir eine ganz andere Welt, ganz andere Assoziationen. Also nehmen wir den ersten Satz in der Bibel: „Am Anfang schuf Gott Himmel und Erde", hebräisch: *Bereschid bara elohim haschamajim whaaräz.* Man muss wissen, dass in der hebräischen Sprache jedes Wort drei Buchstaben hat – das ist quasi die Wortwurzel. Diese Wurzel ist sehr bedeutend für das jeweilige Wort. Wenn wir die ersten drei Buchstaben in der Thora nehmen: barah, ist das die Wurzel des Wortes „gesund". Im Grunde genommen beginnt die Thora mit den Gedanken der Gesundheit. Das Wort „barah" übersetzen wir im Deutschen mit „am Anfang schuf". Im Hebräischen bedeutet dieses Wort aber „genesen". Man müsste also folgerichtig übersetzen: „Gott ließ die Welt genesen, gesund werden." Wir lesen in 1. Mose 1 von einem „Tohuwabohu", einem Durcheinander der Welt. Da ist etwas krank und es braucht Heil, eine Ordnung. Die Gebote der Thora, die Gebote der Bibel schaffen eine solche äußere und innere Ordnung. Im Grunde genommen machen sie den Menschen gesund. Man kann jeden Satz der Thora nehmen: Wenn man auf Hebräisch liest, eröffnen sich so ungeheure Dimensionen, die Sie eigentlich in der Übersetzung überhaupt nicht nachvollziehen können. Wenn wir sagen „Am Anfang ..." ist das auch richtig, denn im Wort „Bereschit" haben wir den „Kopf" (hebr. „rosch"), was immer der Anfang von etwas bedeutet. Zum Beispiel unser Neujahresfest heißt „Rosch ha-Schana", der Anfang (Kopf) des Jahres. Aber es ist immer nur eine Teilübersetzung. Es ist so, dass dieses Werk, die Thora, sich in der hebräischen Sprache über Jahrtausende in all den Ländern, in denen es war, erhalten hat. Die Menschen haben alle anderen Sprachen gesprochen und doch haben sie dieses ursprüngliche Werk erhalten und keinen Buchstaben geändert. Es ist wirklich so, wie Jesus sagte: eher würden Himmel und Erde vergehen, als dass ein Jota des Gesetzes – Gesetz ist immer die Thora – sich nicht erfüllen würde.

Heiko Bräuning: Sie sind eine große Lehrerin. Sie möchten, dass das, was Sie herausgefunden haben, auch möglichst viele andere erfahren und davon profitieren. Das Ganze haben Sie „Kulturelle Begegnungen" genannt. Erzählen Sie uns doch zum Schluss noch ein bisschen, was da Ihre Mission und Ihre Vision sind.

Lea Fleischmann: Ich habe eine Organisation ins Leben gerufen, die „Kulturellen Begegnungen". Die „Kulturellen Begegnungen" sind Begegnungen zwischen Menschen aus Israel und aus Deutschland. Die „Kulturellen Begegnungen" schicken Leute aus Israel, die deutsch sprechen, die in der Regel auch aus Deutschland kommen, zu Veranstaltungen nach Deutschland, damit sie etwas von der Kultur Israels dort mitteilen. Denn leider wird durch die Medien immer nur der Konflikt gesehen. Aber was es hier für eine reiche Kultur gibt, wird kaum wahrgenommen. Nun haben wir ein Projekt ins Leben gerufen, es heißt „Sabbat“ – Sonntag, Ruhetag. Dieses Projekt ist ein Schulprojekt, es kommen Referenten aus Israel in die Schulen und berichten erst mal über das Judentum, bringen den Schülern bei, was eigentlich der Sabbat ist und natürlich, was vom Sabbat in den Sonntag übernommen wurde. Sabbat und Sonntag hängen ja zusammen. Ich meine, Jesus und die Apostel haben noch den Sabbat gefeiert, den Tag der Schöpfung. Erst im vierten Jahrhundert wurde der Sabbat durch den Sonntag ersetzt. Deshalb wird heute am Sonntag der Tag der Auferstehung Jesu gefeiert. Aber die Elemente des Sabbats, dass dieser Feiertag durch Ruhe gefeiert wird, oder dass es zum Beispiel das Sabbatkleid, ein Sonntagskleid, gab, kennen Kinder gar nicht mehr. Dass der Sonntag der Tag der Familie ist und dass der Sabbat auch der Tag der Familie war. Das Essen spielt eine große Rolle am Sabbat – und das Sonntagsessen spielte eine Rolle. Ich denke, dass man vom Sabbat sehr viel für den Sonntag lernen kann. Und ich meine, es ist sehr wichtig, dass man sich wieder auf den wöchentlichen Ruhetag besinnt. Dies ist die eigentliche Aufgabe, das wollen wir den Menschen oder den Schülern und auch den Lehrern in Deutschland wieder bewusst machen. Ihnen wieder eine Hilfestellung geben aus Israel, wie sie es vielleicht neu überdenken können, wie sie mit ihrem eigenen Sonntag umgehen können.

Heiko Bräuning: Wir bedanken uns sehr herzlich für das Gespräch mit Ihnen!

Endnoten

1 Flavius Josephus. Geschichte des Judäischen Krieges. Reclam, 3. Buch, 3. Kapitel, S. 236-237.
2 Ebd.
3 Ebd.
4 Hilde Domin, Nicht müde werden. Aus: dies., Sämtliche Gedichte. © S. Fischer Verlag GmbH, Frankfurt am Main 2009.
5 Karl Barth. KD IV/1, 295.
6 Flavius Josephus. Geschichte des Jüdischen Krieges, Band III, Kapitel III, Abschnitt 2.
7 Archaeology and the New Testament, 1997, S. 160, John McRay, S. 164-165.
8 Text: Theo Schmidkonz SJ, Jesus heilt © Rottenburger Kunstverlag VER SACRUM, 72108 Rottenburg a. N., Bestell-Nr.: 825 T, www.versacrum.de.
9 Eugen Drewermann. Das Matthäusevangelium II. Patmos 1994, S. 68.
10 Flavius Josephus. Geschichte des Judäischen Krieges. Reclam, 3. Buch, 10. Kapitel, S. 283-284.
11 Lena Anderson. Sturm-Stina. Verlag: cbj, 1. März 1989.
12 Dietrich Bonhoeffer. Rechenschaft an der Wende zum Jahr 1943, im Gefängnis Berlin-Tegel, (c) by Gütersloher Verlagshaus, Gütersloh, in der Verlagsgruppe Random House GmbH, München.
13 Flavius Josephus. Geschichte des Judäischen Krieges, Reclam 2008, Abschnitt 9, S. 285.

14 Nach einer Vorlage der Kleinen Schwestern/Paris.

15 Stephan Sulke, Schweizer Sänger, Komponist und Texter. Du lieber Gott.

16 Johannes Hansen. „Psalm 130“, aus: „Unendlich geborgen. Kawohl Verlag 2010, S. 104.

17 Copyright © 1964 Margaret Fishback Powers. Übersetzt von Eva-Maria Busch. Copyright © der deutschen Übersetzung 1996 Brunnen Verlag Gießen. www.brunnen-verlag.de

18 Nähere Informationen unter www.bibel-center.de in der Rubrik Projekte und Israel.

Edition „Stunde des Höchsten“

Gott ist gegenwärtig - Texte und Musik voller Zuversicht

Ermutigende Texte, die in unser Leben hineinsprechen.
Mit Texten von Heiko Bräuning, Dietrich Bonhoeffer, Andrea Schwarz, Paul Roth, Heinz Pangels u.a.

CD 52 07336

Geh auf deinem Weg getrost - Ermutigende Lieder für jeden Tag

Eine Sammlung mutmachender Lieder im ruhigen Stil. Beliebt und viel gewünscht in den TV-Gottesdiensten „Stunde des Höchsten“. Mit Liedern von Heiko Bräuning, Christoph Zehendner, Peter Strauch u.a.

Mit dabei auch das wunderbare Lied „Euer Herz erschrecke nicht“.

CD 52 07337

Buch von Heiko Bräuning

Heiko Bräuning
„Was unterwegs geschehen ist" - Hoffnungsgeschichten auf dem Lebensweg

Unterwegs sind wir alle auf unseren Lebenswegen. Unterwegs sein bedeutet: viel erleben! Ein Buch mit über 100 Geschichten, die das Leben geschrieben hat. Als Ermutigung, zur Inspiration, zur Unterhaltung. Aus Erlebtem entstehen Geschichten. Deshalb hat Heiko Bräuning gesammelt: Die Geschichten, die sich unterwegs ereignet haben.

200 Seiten, gebunden
Buch 52 50438
ISBN 978-3-86773-196-6

CDs und CD-Cards von Reinhard Börner

Jeden Tag so zu leben

14 Lieder für den Alltag, Lieder, die segnen, ermutigen und überraschen. Die beliebtesten Lieder von Reinhard Börner in abwechslungsreichen Arrangements. Einige Titel: Irischer Segen, Erst in der Nacht kann ich die Sterne sehen, Frieden auf Erden, Abendlied, Regenbogen u.a.

CD 52 07351

Jeden Tag so zu leben	Frieden auf Erden	Gott sei mit dir
CD-Card 52 40005	CD-Card 52 40085	CD-Card 52 40109
Faltkarte 52 90005	Faltkarte 52 90085	Faltkarte 52 90109

Waltraud Rennebaum & Ensemble Shoshan

Shabbat - Hebrew Songs

Ein neues Album von Waltraud Rennebaum und ihrem Ensemble SHOSHAN!
Die Auswahl geistlicher Shabbat- und Feiertagslieder in hebräischer Sprache ist erlesen: neben populären Traditionals erklingen auch wenig bekannte, orientalisch anmutende Weisen und zwei neue Lieder aus eigener Feder. Der Pianist und Arrangeur Raimund Rennebaum verwandelte die 15 Lieder in höchst anspruchsvolle Konzertstücke.

CD 52 06051